蔦屋重三郎と江戸メディア史

浮世絵師、ベストセラー作家、
瓦版屋の仕掛け人

渡邊大門

JN129205

星海社

308
SEIKAISHA
SHINSHO

はじめに

江戸時代（慶長八年／一六〇三〜慶応四年／一八六八）は、まさしく文化の花開いた時代だった。むろん、織豊《しょくほう》期以前にも豊かな文化が育まれ、公家や武家、庶民に至るまで享受したのは事実であるが、さまざまな面で相違が見られる。

たとえば、織豊期以前の書物は原本をもとにして手書きで書写され、人々の間で読まれた。むろん、庶民まで流通することはなく、公家や武家らの一部の身分の者しか閲覧が叶わなかった。絵画も同様であり、庶民が気軽に水墨画や襖絵《ふすまえ》を鑑賞できたわけではない。教育も同じであり、寺子屋などの発達によって、庶民に対する教育の機会が増えたのは江戸時代からである。

江戸時代になると、書物や絵画は専門の書籍商などにより売買され、人々の間に流通していった。その立役者の一人が蔦屋《つたや》重三郎《じゅうざぶろう》（寛延三年／一七五〇〜寛政九年／一七九七）である。彼なくして、江戸文化を語ることはできない。

そもそも重三郎は、安永二年（一七七三）に吉原大門口（東京都台東区千束）で細見屋《さいけんや》を開業していた。細見とは遊郭の案内書のことであり、当時、吉原は日本最大級の遊郭として知られていた。天明三年（一七八三）九月、重三郎は通 油 町《とおりあぶらちょう》（東京都中央区日本橋大伝馬町）に店を構え、地本問屋《じほんどいや》となった。地本とは、江戸で出版された大衆的な書籍のことで、洒落本《しゃれぼん》・草双紙《くさぞうし》・読本《よみほん》・滑稽本《こっけいぼん》・人情本・咄 本《はなしぼん》・狂歌本などの種類があった。

重三郎は企画力に優れ、大田南畝《なんぽ》、山東京伝、曲亭馬琴といった著名な作家とも交流があった。やがて書籍だけでなく、浮世絵版画の出版にも力を入れ、喜多川歌麿《うたまろ》、葛飾北斎《ほくさい》、東洲 斎写楽《とうしゅうさいしゃらく》らの作品を世に出した。こうして重三郎は、江戸で一、二を争うような地本問屋になったのである。

しかし、重三郎の生涯に関しては、関係する史料が実に乏しく、その生涯を細部にわたるまで明らかにするのは困難である。本書ではできるだけ重三郎の生涯に触れるとともに、交流のあった作家や浮世絵師、そして江戸文化を詳しく取り上げる。重三郎の生涯を通して、江戸の出版文化をご理解いただけると幸いである。

目次

第二章 狂歌本への進出 57

第三章 黄表紙と出版統制 81

第四章

喜多川歌麿と浮世絵 125

第五章 東洲斎写楽の登場 155

第一章

蔦屋重三郎と吉原

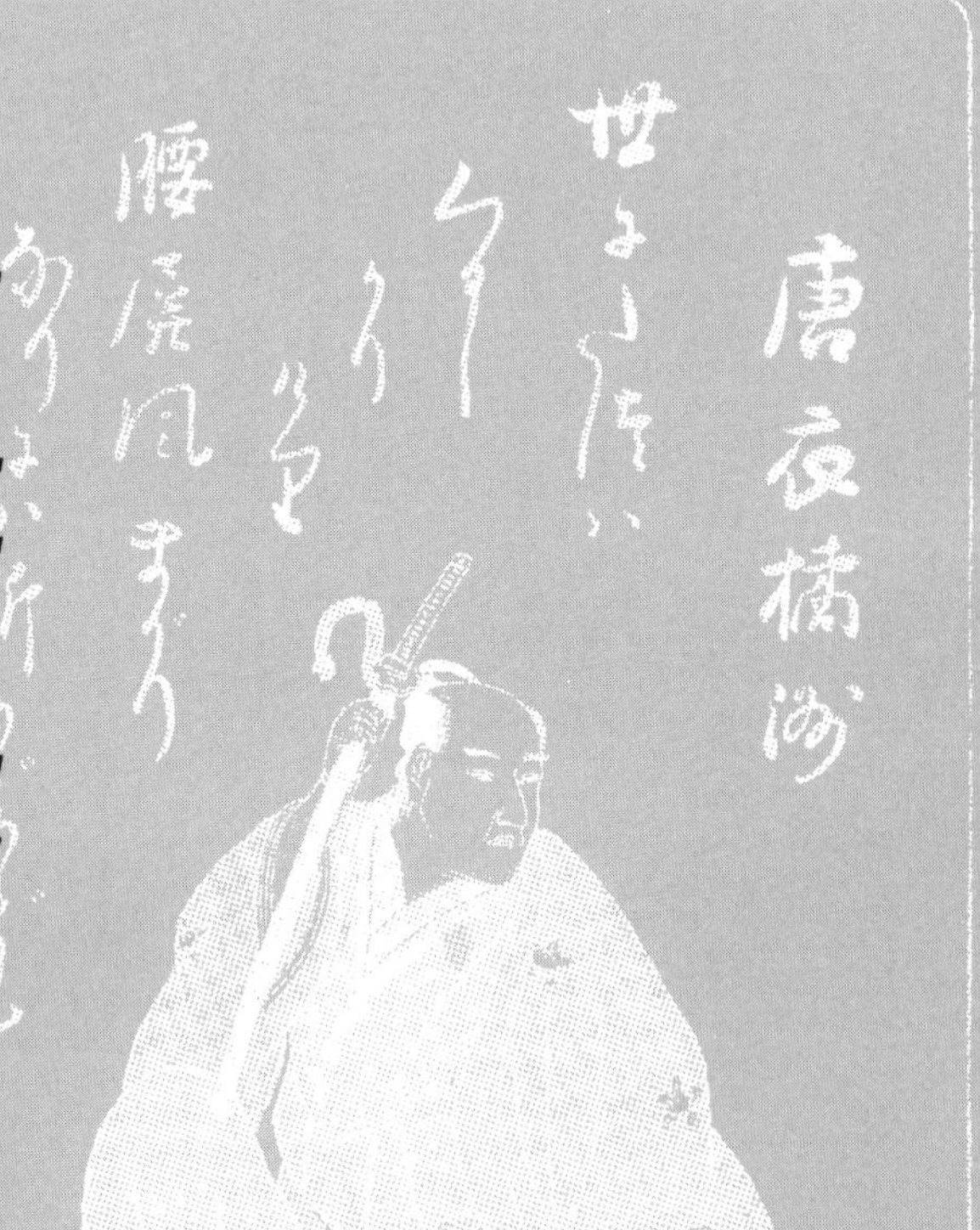

蔦屋重三郎の生きた時代

蔦屋重三郎が生きた寛延三年（一七五〇）から寛政九年（一七九七）の期間は、どういう時代だったのだろうか。まず、時代背景について書いておこう。

徳川吉宗（貞享元年／一六八四〜寛延四年／一七五一）が江戸幕府八代将軍に就任したのは、享保元年（一七一六）のことである。元禄年間（一六八八〜一七〇四）には経済が急速に発展し、農村にも貨幣経済が浸透した。商品作物の栽培、絹織物の西陣織、灘や伊丹の酒造業、有田や瀬戸の窯業などが発達し、都市も大いに繁栄した。十八世紀になると、江戸の人口は百万人になり、世界最大の都市といわれた。

享保元年（一七一六）、吉宗は享保の改革を実行し、まず米価の安定を図ろうとした。貨幣経済が浸透すると、相反するように米価は下落し、米で俸禄《ほうろく》（給与）を受けていた武士の生活が苦しくなったからである。吉宗は倹約令で消費を減速させると同時に、米を増産すべく新田開発を奨励した。そのほかにも、吉宗は有能な人材を登用する「足高《たしだか》の制」、目安箱（庶民の要望・不満などを投書させた箱）の設置を行い、政治改革を積極的に推し進めた。その結果、幕府財政は好転し、健全になったのである。

一方で、厳しい倹約は町人や百姓に不評であり、年貢の税率の固定化も不満の種となった。また、享保十七年（一七三二）秋から翌年春にわたり、享保の大飢饉《ききん》が発生した。その影響により、各地で困窮した百姓による打ち毀《こわ》しや一揆が頻発した。とはいえ、吉宗の三十余年にわたる長期政権において、経済だけでなく、文化・芸術・学問が発達したのは事実である。

吉宗の死後、徳川家重（正徳元年／一七一一～宝暦十一年／一七六一）が九代将軍に就任した。事実上、政権運営を担ったのは田沼意次《おきつぐ》（享保四年／一七一九～天明八年／一七八八）だが、世上は不安だった。

享保の改革により、幕府財政は潤ったが、宝暦年間（一七五一～一七六四）には行き詰まりを見せた。百姓は厳しい年貢の収奪に音を上げ、耕作地を放棄すると、大都市の江戸に流入したので大きな問題となった。さらに、意次の時代には頻繁に災害があったので、たびたび飢饉に見舞われたのである。

意次は事態を収拾すべく、改革に乗り出した。意次は緊縮財政に着手し、財政規模の縮小に加え、倹約令による経費の削減を行った。また、米だけに依存するのではなく、商品の生産や

「田沼意次像」牧之原市史料館所蔵

流通に力を入れた。さらに、物価を抑制するため、株仲間（商工業者の組織）を奨励し、運上金や冥加金《みょうがきん》（営業免許・特権付与に際して納めた営業税）を課税した。こうして、それぞれの商品の販売独占権を座に与え、専売制を行ったのである。

意次の政策は幕府の役人と町人との癒着を強めることになり、賄賂《わいろ》政治が横行することになった。町人は運上金や冥加金を上納し、幕府の役人に取り入るようになったのである。天明二年（一七八二）から約五年にわたって天明の大飢饉が発生すると、打ち毀しや百姓一揆が頻発し、庶民生活は大いに疲弊した。その結果、意次は政治手腕を問われて失脚したのである。

田沼政治が終わり、十一代将軍の家斉《いえなり》（安永二年／一七七三～天保十二年／一八四一）の時代になって、寛政の改革を推し進めたのが松平定信（宝暦八年／一七五八～文政十二年／一八二九）である。定信は天明の大飢饉ですっかり農村が疲弊し、幕府財政も危機的な状況の中で、政治改革に取り組んだのである。

定信は緊縮財政を引き続き採用しつつ、農村の復興対策に力を入れた。特に、自然災害、凶作、飢饉への対策に力を入れ、万が一の事態に備えるべく、米や金銭を貯える備荒《びこう》貯蓄政策を行ったのである。その結果、幕府財政は好転し、備蓄金も十分に貯えられた。その一方、風俗統制令や倹約令を断行したので、世の中は不景気になり、町人らから不評を買ったのである。

重三郎の生きた時代は、華やかな元禄文化のあとだった。人々は慢性的な経済不況に喘ぎ、政治的には倹約令、風俗統制令で沈滞ムードが漂っていたといえよう。

江戸っ子気質

重三郎が登場する以前、上方（京都・大坂）を中心に発達したのが元禄文化である。元禄年間（一六八八～一七〇四）は徳川綱吉の時代で、貨幣経済の発達により、町人が大いに経済力を高めた。富裕になった町人は、遊興や娯楽を楽しみ、華美な生活を営むようになった。文学では井原西鶴《さいかく》や近松門左衛門、歌舞伎では大坂の坂田藤十郎や江戸の市川團十郎《だんじゅうろう》、浄瑠璃では竹本義太夫、俳諧では松尾芭蕉《ばしょう》、絵画では尾形光琳《こうりん》や菱川師宣《ひしかわもろのぶ》などが活躍し、芸術、文化、学問が発展したのである。

重三郎の活躍した天明年間（一七八一～一七八九）以降は、江戸っ子が幅を利かせた時代でもあった。では、江戸っ子気質とは、どういうものだったのだろうか。

江戸っ子は、ほかの国の者とは違って、将軍と同じ土地に住んでいるというプライドがあった。それは、神田や日本橋に居を定めていた土着意識にも通じていた。当時の江戸は町人生活の中で形成された文化があり、しかも経済発展が著しい中で、金払いが非常に良かった。江戸っ子は「いき」と「はり」という美意識や抵抗精神があり、その表現の発露したものが芝居、そして遊郭の吉原だったのである。

「いき」とは「意気」が語源とされており、遊郭における遊びの美意識の一つとされる。それは外見としての身なりが洗練されているほか、内面的にも心意気の潔さが重視された。遊郭での遊びでも、洗練された流行の最先端をいき、同時に遊びに溺れることなく、垢抜《あかぬ》けていることが美学とされた。「はり」とは損得を考えず、ときに命を懸ける心意気のことで、主として江戸の遊女の意地のことを意味したのである。

重三郎が生きた時代は、たび重なる政治改革が行われ、まさしく混迷の時代だった。同時に、吉原での遊び方も大きく変化したのである。かつての吉原では、大名、旗本、政商が揚屋《あげや》（高級な遊女を呼んで遊ぶ店）で豪遊するなど、大いに幅を利かせていた。しかし、時代は大きく変わり、莫大な富を築いた札差《ふださし》（蔵米取りの旗本らの蔵米の受け取りや売却を代行し、手数料を得た商人）が台頭し、吉原で豪遊するようになったのである。江戸っ子は武家の支配に抵抗し、独自の文化を形成するという強い心意気を持っていた。

重三郎もまた、吉原を舞台に培われた江戸っ子気質を享受し、出版界に飛び込んでからも、その精神を貫いたと考えられる。

重三郎の関係史料

重三郎が誕生したのは、重苦しい雰囲気が漂う時代だった一方で、新しい文化が醸成された時代でもあった。成長した重三郎は暗いムードを断ち切り、出版を通して新しい世界を切り開いたのである。重三郎とは、いかなる来歴を持つ人物なのだろうか。

重三郎は名が知られた人物なので、関連する史料は多いと思ってしまうが、実際はそうではない。江戸時代の諸文献に登場するのは事実であるが、かなり乏しいのが実情である。重三郎の生涯を知るうえでの基本史料は、石川雅望《まさもち》（宝暦三年／一七五三～文政十三年／一八三〇）が撰した『喜多川柯理《からまる》墓《ぼ》碣《ひ》銘《めい》』、そして大田南畝の作成による重三郎の実母を顕彰した碑文が残っているにすぎない。墓碑銘とは、亡くなった人の姓名、出身地、生い立ち、人となりなどを石に刻み、墓所に立てたものである。

蔦屋重三郎墓所（東京都台東区・正法寺）

明治三十九年（一九〇六）、四葩山人なる人物が重三郎の墓を実見し、「蔦屋重三郎」（『高潮』二号）と題して寄稿した。四葩山人の記事によると、重三郎の墓碑はその養家である喜多川家の墓碑と並び、浅草（東京都台東区）の正法寺（重三郎の菩提寺）の本堂裏にあったという。墓碑の表には、重三郎の経歴が記されていたが、四葩山人はその一部しか紹介しなかった。

その後、重三郎の墓碑銘は全文が紹介されることはなく、結局、右の二つの史料は関東大震災や第二次世界大戦に伴う東京大空襲の被害で失われてしまった。ところが、のちに儒学者の原念斎（安永三年／一七七四〜文政三年／一八二〇）の手になる『史氏備考』（静嘉堂文庫）の中に『喜多川柯理墓碣銘』の全文が書写されていることが判明し、重三郎の研究が進展したのである。

このように重三郎の史料は非常に乏しいが、以下、『喜多川柯理墓碣銘』などをもとにして、その生涯をたどることにしよう。

石川雅望と大田南畝

石川雅望は国学者、狂歌師、戯作者として知られ、狂名を「宿屋飯盛《やどやのめしもり》」という。雅望は、小伝馬町三丁目（東京都中央区）に住む浮世絵師の豊信の子として誕生した。幼い頃から学問好きで、古屋昔陽《せきよう》から漢学を、津村淙庵《そうあん》から和学を習った。狂歌については、岸文笑《ぶんしょう》（頭光）に教わり、のちに大田南畝の門に入った。折から狂歌が大流行しており、雅望は日本橋界隈の狂歌愛好者とともに、伯楽連を結成した。連とは、狂歌のサークルのことである。

　雅望は狂歌界で頭角をあらわし、狂歌集『俳優風《わざおきぶり》』、『徳和歌後万載集《とくわかごまんざいしゅう》』、『故混馬鹿集《ここんばかしゅう》』に作品が採用された。以後、重三郎と組んで、次々と狂歌絵本のヒットを飛ばすが、その辺りは後述することにしよう。当時の雅望は、鹿都部真顔《しかつべのまがお》、銭屋金埒《ぜにやのきんらち》、頭光《つむりのひかる》とともに、「狂歌四天王」と称され、狂歌界での地位を確固たるものにしたのである。

　寛政三年（一七九一）、雅望の家業でトラブルがあった。それは冤罪だったようだが、結局、雅望は狂歌の世界から足を洗うことになった。その後の雅望は、古典文学の研究などに打ち込み、雌伏《しふく》の期間を過ごした。雅望は文化九年（一八一二）に復帰すると、大田南畝が主宰する「和文の会」に参加

四方赤良（『吾妻曲狂歌文庫』より）
東京都立図書館所蔵

して研鑽を積み、「五側」という狂歌グループを作り、熱心に活動した。亡くなったのは、文政十三年（一八三〇）のことである。

大田南畝（寛延二年／一七四九〜文政六年／一八二三）は、牛込中御徒町（東京都新宿区）の御徒《おかち》・大田吉左衛門正智の子として誕生した。家は下級武士の家柄で貧しかったが、幼い頃から学問に打ち込み、内山賀邸《がてい》、松崎観海《かんかい》から国学、漢学、漢詩、狂詩などを学んだ。その費用を捻出するために、札差《ふださし》から借金をしたといわれている。

以降、南畝は蜀山人《しょくさんじん》など多くの号を持ち、狂歌師、戯作者などとして名を馳《は》せた。その辺りは重三郎との絡みで随所に紹介するので、ここでは省略しよう。天明六年（一七八六）に田沼意次が失脚し、そのあとに松平定信が寛政の改革を行うと、南畝は狂歌の世界から距離を置き、幕臣としての務めに注力した。

寛政六年（一七九四）、南畝は昌平黌《しょうへいこう》（昌平坂学問所）の人材登用試験に好成績で合格し、支配勘定に昇進した。以後、南畝は大坂の銅座出役《しゅつやく》、長崎奉行所出役を命じられたのである。南畝は大坂に移ってから、蜀山人の号で再び狂歌を読み始め、職務に専念する傍らで、日記、紀行文、随筆を執筆した。南畝が没したのは、文政六年（一八二三）のことである。登城する途中で転倒し、その怪我が死因だったという。

重三郎の生涯

寛延三年(一七五〇)一月七日、重三郎は丸山重助の子として吉原(東京都台東区)で誕生した。母は、広瀬津与という。父は尾張国の出身で、母は江戸の出身だったが、その生涯は何もわかっていない。職業すらも不明である。重三郎に兄弟姉妹がいたのか、いなかったのかも不明である。当時、吉原は遊郭で栄えていたので、父は遊郭勤めで生計を立てていたと推測されている。

重三郎の両親の生涯にはわからないことが多いものの、母が非常に教育熱心だったといわれている。先述した南畝の碑文によると、重三郎が成功したのは、母の教育により、強い意志を持ったからだという。重三郎は、わざわざ母を顕彰した文章を南畝に依頼して作成してもらったのだから、母に対する想いは一入《ひとしお》だったと考えられよう。

重三郎が七歳になった頃、両親は何らかの理由により離別した。そこで、まだ幼少だった重三郎は、「蔦屋」という商家を営む喜多川家の養子になったという。実は、蔦屋についても、喜多川家についても不明な点が多い。重三郎は、のちに出版業で身を立てるが、喜多川家がどのような商いをしていたのか不明である。また、吉原江戸町二丁目の蔦屋利右衛門、あるいは吉原仲之町の茶屋蔦屋利兵衛が重三郎の養父ではないかといわれているが、十分な確証がない。

喜多川家の養子となった重三郎の青春時代は、ほとんど何もわからないが、母の教えを忠実に守り、人間としても立派に成長したと推測される。石川雅望は『喜多川柯理墓碣銘』の中で、重三郎が人よりもいっそう優れた人格で、度量が大きく細かいことにはこだわらず、人に接するときは信義を重んじたと高く評価する。

重三郎と親しく交流していた雅望の言葉なので、多少は割り引く必要があるかもしれないが、のちの重三郎の成功を考慮すれば、さほど外れた評価ではないだろう。重三郎は若い頃から、実業家として成功する資質を兼ね備えた人物であり、その素質は母の教えによるものだったのである。

重三郎は天明三年（一七八三）になって、久しく離れ離れになっていた両親を日本橋通油町の新居に迎えた。親子の情愛は、強かったようである。

遊郭の源流

重三郎は書店を営み、吉原の細見を出版するようになった。吉原と重三郎との関係は、切っても切れないものがあった。十八世紀になると、遊郭としての吉原は最盛期を迎えていたので、その源流をたどることにしよう。

十六世紀後半に戦国時代が終焉に近づくと、遊郭は都市計画の一環として整備されていった。『多聞院日記《たもんいんにっき》』（奈良興福寺多門院主の日記）には、天正十六年（一五八八）には「天下の傾城《けいせい》、国家の費《つい》え也」と記されている。傾城とは傾城屋のことで、遊郭を意味するが、それが「国家の費え」だというのだ。

当時は豊臣秀吉の時代だったが、都市計画上、各地に傾城屋のあることが好ましくなかったと考えられる。そこには、治安の問題も大きく関わっていたに違いない。遊女をめぐっての客らとのトラブルは、現代と同様に数多く発生したと考えられる。一方で、豊臣政権が富を蓄積した傾城屋を把握しておくことは、公事銭《くじせん》（税の一種）の確保という財政的な側面から重視されたと考えられる。

延宝六年（一六七八）に成立した俳人の藤本箕山《きざん》著『色道大鏡《しきどうおおかがみ》』（遊女評判記。性風俗の紹介をした書物）には、天正十七年（一五八九）には上・中・下三町からなる遊郭が京都の二条柳町（京都市中京区）に開かれ、洛中の傾城屋が一ヶ所に集められたと書かれている。それは、京極西、万里小路東、冷泉小路南、押小路北の方二町（京都市中京区）付近に新たに作られたものであった。

そのことを進言したのは、秀吉の配下になった原三郎左衛門である。原三郎左衛門は、島原上の町西南角の桔梗屋《ききょうや》八右衛門の祖だった。のちに、原は島原（京都市下京区）つまり遊郭を取り仕切るようになる。

文禄二年（一五九三）には、京都所司代の前田玄以《げんい》によって、遊女の揚代（遊女と遊ぶ代金）が定められた。それは遊女のランクを上・中・下の三段階とし、上は三十銭、中は二十銭、下は十銭とするものである。もしこの決まりに背けば、町中から追われることになるのだが、傾城屋の二十二名はこれに同意した。

背景には、場代をめぐる争いが問題になっていたからだと考えられる。この二年後、秀吉は京都の傾城を召し、前田利家らに与えていたことが記録されている。

発展した傾城屋

傾城屋を一ヶ所に集めると、治安統制がやりやすいのは当然のことだった。そのことを念頭において、京都の都市計画は秀吉によって進められたのである。以上の政策は、秀吉の死後も受け継がれていった。

慶長七年（一六〇二）、傾城町は六条室町西洞院（京都市下京区）に移され、二町四方の敷地に東西に上・中・下三町の三筋の道を通した。六条三筋町とも呼ばれている。元和三年（一六一七）十一月、六条柳町の遊郭の総代（代表）は、その地域以外での営業ができなくなることを幕府から通告された。傾城町と一般の人が住む区画は、完全に分離されたのである。

六条三筋町の遊女としては、才色兼備で名高く「六条三筋町の七人衆」の一人の吉野大夫が有名である。彼女は和歌、連歌などの文芸に秀でており、琴、琵琶の演奏にも巧みであった。書道をはじめとした諸芸能を極め、のちに能書家として知られる近衛信尋《のぶひろ》らと交流した。その才色兼備ぶりは、遠く中国の明にまで伝わったという。吉野大夫は二十六歳で豪商の佐野紹益《じょうえき》に身請けされ、妻になったのである。

傾城町はさらに移転を重ね、寛永十七年（一六四〇）には島原に移転された。一万三千坪余りといわれる広大な敷地の周囲は、一般の人から断絶すべく堀と土居《どい》が巡らされ、完全に囲い込まれた。門は一ヶ所しかなく、内部は南北に三筋の道を通し、中央に東西路を設けて、六つの町に分割されたのである。

島原は元禄年間に最盛期を迎えるが、その後、祇園《ぎおん》（京都市東山区）や上七軒《かみしちけん》（京都市上京区）に取って代わられた。今も残る「角屋《すみや》」は、日本で唯一残る揚屋《あげや》建築として有名である。

現在でも同じことであるが、風俗産業にはその立地に規制が設けられている。たとえば、それらが学校などの教育・文化施設の近くにあるのは、普通に考えれば好ましくないであろう。当時も同じことで、人々が住む地域から遊郭を隔離することが好ましかったと考えたのは事実である。遊郭がある地域にまとまっていれば、管理もしやすい。そのような発想は、江戸時代初期からすでにあったのである。

三大遊郭の誕生

江戸時代以降、遊郭はさらに発展していった。それは経済的な発展も意味しており、人々の可処分所得が増えた証でもある。人々は生活に追われるのではなく、余剰の資金で遊郭に通う余裕ができたのである。京都や江戸などの大都市では、堀と土居をめぐらした特定の地域を遊郭とした。

なかでも大坂新町（大阪市西区）、京都島原、江戸吉原（東京都台東区）は、日本の「三大遊郭」と称されたほどである。今でも当時の名残《なごり》がある地域も数多く存在するが、遊郭として営業し続けている所はほとんどない。以下、遊郭の進展について、戦国時代（十六世紀後半）から江戸時代（十七世紀前半）を中心に述べることとしよう。

まず、江戸の吉原遊郭を簡単に紹介しておこう。吉原は諸書に記されているように、慶長十七年（一六一二）に庄司甚右衛門《じんえもんのじょう》尉が幕府に嘆願し、認められたものである。もともと甚右衛門尉は北条氏に仕えていたが、天正十八年（一五九〇）の北条氏滅亡後に江戸に出て、道三河岸《どうさんがし》（東京都千代田区）で妓楼《ぎろう》（遊女を置き、客を遊ばせる店）を営んだという。ただし、その生涯には不明な点が多い。

実際には、開業が許可されるまで時間がかかり、元和三年（一六一七）から吉原の原型となる「葭原《よしわら》」が開業された。甚右衛門尉自身も、西田屋という遊女屋を営むことになったが、幕府当局では開業の許可に慎重だった感がある。

幕府は遊郭の開業に際して、ルールを徹底した。たとえば、客の連泊を認めない、虚偽の説明を受けて連れて来られた娘は、調査して親元に返すこと、犯罪者は届け出ること、などの規則が課せられた。その後、さらに江戸市中に遊女屋を置かないこと、江戸市中に遊女を派遣しない、服装を華美にしない、などの決まりが追加で決められた。未然にトラブルを防ぐためであろう。

江戸幕府は、遊女屋を公的に認めて冥加金を徴収することが目的だったが、一方で治安などの問題があり、遊郭の営業に厳しい条件を課したと考えられる。

遊郭にとっても、この条件を飲むことにより公的に認められ、市場を独占できるのだから決して悪い話ではない。ただし、のちにはこうした規則も反故にされ、違法なこともたびたび行われたのである。

地方に波及した遊郭

次に、地方の事例を取り上げておこう。江戸時代に至ると、各地に遊郭が設けられ、かなりの数が営業を認められた。それは経済発展や城下町の形成等による都市の発達と、決して無縁ではないであろう。

先述した藤本箕山の『色道大鑑』には、当時の遊郭の二十五ヵ所が次のとおり列挙されている。

京島原（京都市下京区）、伏見夷《えびす》〔撞木町《しゅもくまち》〕、伏見柳町（以上、京都市伏見区）、大津馬場町（滋賀県大津市）、駿河府中（静岡市葵区）、江戸三谷《さんや》〔吉原〕（東京都台東区）、敦賀六軒町（福井県敦賀市）、三国松下（福井県坂井市）、奈良鳴川木辻（奈良市）、大和小綱新屋敷（奈良県橿原市）、堺北高洲町、堺南津守（以上、大阪府堺市）、大坂瓢箪《ひょうたん》町〔新町〕（大阪市西区）、兵庫磯町（神戸市兵庫区）、佐渡鮎川山崎町（新潟県佐渡市）、石見温泉津稲荷町（島根県大田市）、播磨室小野町（兵庫県たつの市）、備後鞆有磯町（広島県福山市）、広島多々海《ただみ》（広島県竹原市）、宮島新町（広島県廿日市市）、下関稲荷町（山口県下関市）、博多柳町（福岡市博多区）、長崎丸山町寄合町、肥前樺島（以上、長崎市）、薩摩山鹿野田町《やまがのたまち》（鹿児島県霧島市）

このなかでも、長崎の丸山は唐人客向けの遊郭として異彩を放っており、先の三大遊郭と並ぶ存在であった。当時、外国からの窓口は、長崎に限定されていたので、国際色豊かな遊郭として知られた。丸山遊郭の成立は寛永十九年（一六四二）とされ、市中の遊郭が一ヶ所に集められたといわれている。

もちろん、その他の地域でも、遊郭が形成されていた。次に、比較的早い段階のものを見ておきたい。秋田藩佐竹家の家臣梅津政景《うめづまさかげ》の日記『梅津政景日記』には、いくつかの事例が挙げられている。

江戸初期における秋田の院内銀山《いんないぎんざん》（秋田県湯沢市）には、傾城町が成立していた。傾城町には院内銀山の傾城役を請け負っていた美濃之二郎兵衛がおり、「傾城のてい（亭）主」と呼ばれていた。傾城町には肝煎《きもいり》が置かれ、炭館弥介がその役に就いていた。肝煎とは、遊女を斡旋する世話役と捉えてよいであろう。

このように遊郭では、肝煎を任された者が遊郭の統括・経営を行っていたのである。もちろん、遊郭が急に成立したわけではない。おそらく自然発生的に生まれたものが、やがて公に認められることになったと考えられる。

同様に『梅津政景日記』を紐解《ひもと》くと、長崎で傾城の売買があった記事を確認することができる。質物（この場合は、貸金の担保に子女を差し出させて働かせる奉公契約）に置かれた傾城八屋の例のように、女性が人身売買や質入の対象であったことが判明する。江戸時代になると、借金の形《かた》として娘が遊郭に売られることがあった。長崎における事例は、のちに丸山に引き継がれた遊郭形成の側面を示しているように感じる。

このように、戦国時代を通して各地に存在した遊郭は、江戸時代になって整理・統合され、特定の場所に集められたことがわかる。かつては自由であった遊女の商売も、戦国時代を通して管理の対象になり、江戸時代にはその制度化がいっそう進められたのである。

吉原細見とは

安永二年（一七七三）、重三郎は書店を開業し、吉原細見の改め、卸や販売を行った。「改め」という仕事は、遊郭内の情報（遊女の異動など）を収集し、最新のデータを提供するものだった。書店の場所は、吉原大門口五十間道の向かって左側である。重三郎が販売していた吉原細見は、毎年正月と七月の年に二回、鱗形屋《うろこがたや》が刊行していた。

吉原細見が刊行される前、ガイドブック的な役割を果たしたのが遊女評判記だった。遊女評判記とは、三大遊郭の京都島原、江戸吉原、大坂新町の遊女名を列挙するだけでなく、彼女たちの容姿などを詳しく論評したものである。承応四年（一六五五）に刊行された『桃源集』は現存する最古の遊女評判記で、先述した藤本箕山も『まさりぐさ』という大坂新町の遊女を紹介した本を刊行した。吉原の遊女評判記の最初の作品は、万治三年（一六六〇）に刊行された『高屏風くだ物がたり』である。

吉原細見は細見絵図（細見図）とも称され、吉原遊郭を案内するパンフレットのようなものだった。それは、一枚ものの絵図になっており、遊郭の抱える遊女の名前、位付《くらいづけ》（遊女の等級）、遊女の抱え主、揚屋（高級な遊女を呼び遊興する店）、茶屋（遊女屋などに案内する）、船宿（船で吉原に通う客の送迎をする）、揚代（遊女と遊ぶ代金）、紋日《もんび》などを詳しく紹介していた。紋日とは遊郭の特別な日であり、遊女はその日に必ず客を取らなくてはならなかった。

吉原細見のもっとも古いものは、貞享五年（一六八八）の『吉原細見図』といわれている。ただし、現存するのは元禄二年（一六八九）に刊行された『絵入大画図』（『吉原大絵図』）である。享保年間（一七一六〜一七三六）になると、これまでの絵図から横本の冊子体へと体裁が変わった（のちに縦長本になった）。吉原細見は年に一回は刊行され、幕末維新期まで続いたのである。

享保年間の中期以降、吉原細見の出版は最盛期を迎え、続々と刊行する版元が増えた。鱗形屋孫兵衛、山本左衛門などはその代表である。ところが、元文三年（一七三八）以降、多くの版元は吉原細見の刊行から手を引いていった。その背景には、重三郎の存在があったのである。

版元になった重三郎

当初、重三郎が経営した本屋は、縁者である蔦屋次郎兵衛の茶屋の軒先を借りて営んでいたという。いかに本を商うとはいえ、吉原細見のほかに豊富な品揃えで勝負するのは難しかった。そこで、吉原細見を商う以前の重三郎は、吉原で貸本も取り扱っていたのではないかと推測されている。

重三郎が鱗形屋の吉原細見を取り扱うに際しては、先述のとおり「改め」も手がけていた。重三郎は吉原に書店を構えていたので、その類稀なる情報収集能力を買われ、業務として受けたと考えられる。

鱗形屋は万治年間（一六五八～一六六一）に創業した江戸を代表する老舗《しにせ》の版元だった。それまで、京都の版元が出版界で幅を利かせており、江戸の版元はまだまだ力が足りなかった。慶長八年（一六〇三）に幕府が江戸に成立し、経済的に急速に発展すると、江戸の版元も京都の版元に対抗しうる勢力となった。

江戸幕府の成立後から、江戸と京都の版元は、しのぎを削ることになった。やがて、政治経済においても江戸のウエイトが大きくなると、出版界においても江戸の比重が大きくなっていった。宝暦年間になると、江戸で刊

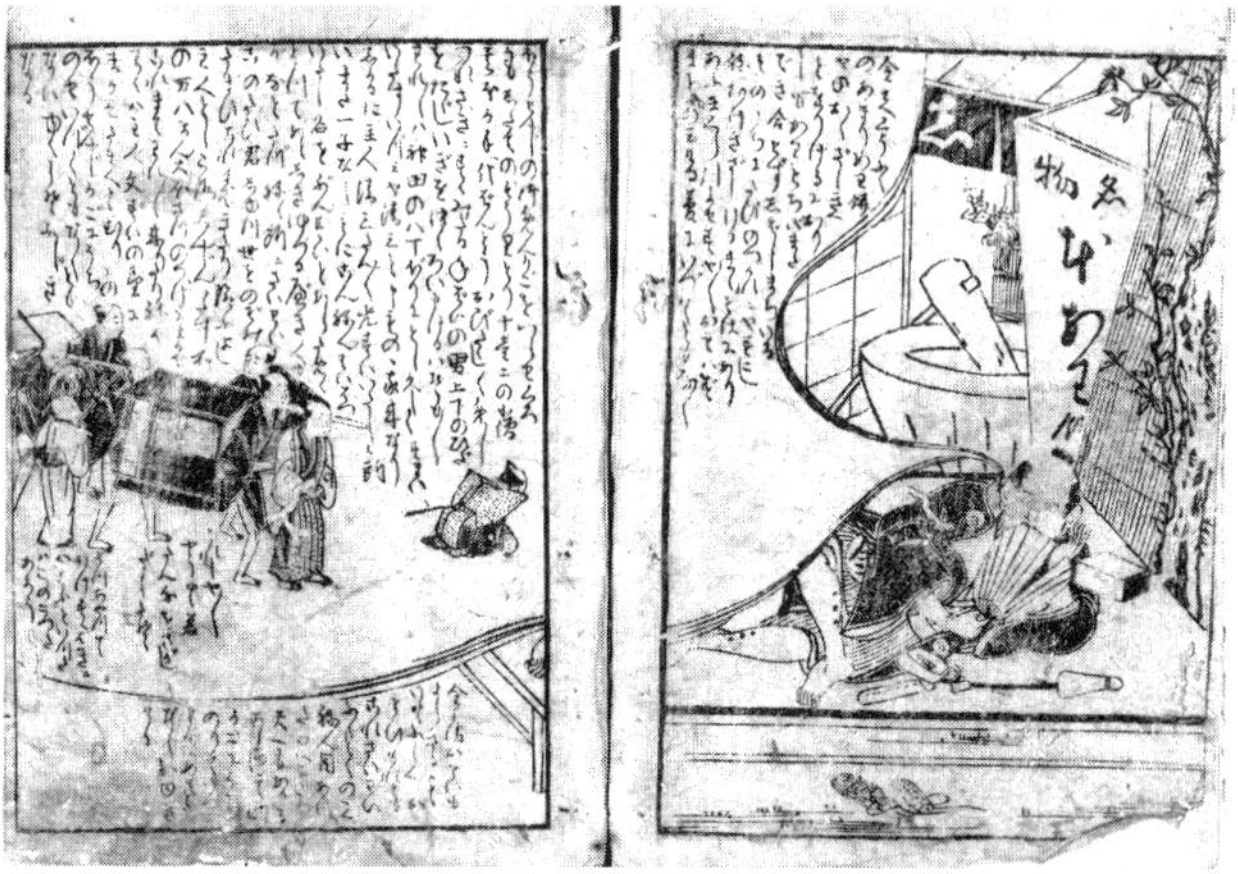

『金々先生栄花夢』 国立国会図書館所蔵

行された出版物の点数は、ついに京都や大坂を上回ったのである。

安永二年（一七七三）、重三郎は浮世絵師の勝川春章《しゅんしょう》の手になる吉原細見『這婥観玉盤《このふみづき》』を売り出し、その翌年には発明家の平賀源内（福内鬼外《ふくちきがい》。享保十三年／一七二八〜安永八年／一七七九）の序文がある『細見嗚呼御江戸《さいけんああおえど》』を販売した。その後、重三郎は出版界の情勢に乗じて、自らも版元に転身した。安永三年（一七七四）、重三郎は浮世絵界の重鎮の北尾重政が口絵を描いた遊女評判記『一目千本《ひとめせんぼん》』を刊行したのである。その翌年には、『急戯花之《にわかはなの》名寄《なよせ》』も出版した。その際、重三郎には鱗形屋の支援があったのではないかと推測されている。

重三郎が平賀源内から『細見嗚呼御江戸』の序文を寄せられたことは、誠に興味深いところである。源内といえば、博物学者として知られているが、戯作者、浄瑠璃作家としての一面もあった。小説『根南志具佐《ねなしぐさ》』、『風流《ふうりゅう》志道軒伝《しどうけんでん》』、浄瑠璃『神霊矢口渡《しんれいやぐちのわたし》』などは、その代表作である。源内は大変な奇才といわれていたので、そこから受けた影響は大きかったに違いない。

安永八年（一七七九）十一月、源内は誤って人を殺傷してしまい、その罪によって入牢した。源内は大名屋敷の修理を請け負っていたが、酒に酔った際に修理の計画書を二人の大工に盗まれたと勘違いし、凶行に及んだのである。その一ヶ月後、源内は失意のうちに獄中で死を迎えた。もし、源内が亡くなっていなければ、重三郎の生涯が少しは変わっていたかもしれない。

重三郎は、医師の杉田玄白《げんぱく》とも交流があった。重三郎の周りには、多くの優れた人物がいたことを忘れてはならず、その人脈が出版界における成功のカギを握っていたのである。

版元としての処女作

鱗形屋のサポートだけでは、重三郎は成功しなかったかもしれない。遊女評判記は吉原の宣伝にもなったので、吉原で実力を持つ者の助力を得て、遊女らから出資金を募集し、制作・刊行が可能になったともいわれている。自身の資金で刊行するとリスクもあるが、出資金が元手であれば、決して損はしない。重三郎は吉原の宣伝・広告を掲げ、吉原という地縁を頼りにして、出版活動を行ったのである。重三郎には、遊女評判記の刊行を成功させる才覚があった。

安永五年（一七七六）の俳諧絵本『青楼美人合《せいろうびじんあわせ》姿鏡《すがたかがみ》』は、北尾重政、勝川春章が絵を描き、山崎金兵衛との合板（共同出版）で刊行されたものである。この作品はかなりの経費を掛けており、贅《ぜい》を尽くした豪華な造本になっていた。山崎金兵衛は、浮世絵師の鈴木春信の絵本を数多く刊行した地本問屋である。同書は重三郎が企画立案と北尾重政、勝川春章への仕事の依頼を担当し、山崎金兵衛が資金を供出したという。重三郎の合板はほかにもあるので、似たような方式で刊行された可能性もあろう。

十八世紀初頭、江戸の版元は刊行する書物の性格によって、書物問屋と地本問屋に大別された。書物問屋は、現代でいうところの学術書を刊行していた。たとえば、儒学書、仏教書、歴史書、医学書、辞書などの硬い内容の本である。

一方、地本問屋は、そもそも江戸で刊行された書物を意味するが、そのジャンルは草双紙（赤本、黒本、青本、黄表紙《きびょうし》、合巻《ごうかん》）など絵入りの娯楽性に富んだ本だった。洒落本（遊郭をテーマとした本）、読本、錦絵、浮世絵、一枚擦《ずり》、咄本《はなしぼん》（笑話や小咄の本）、長唄本、道中すごろくなども、地本問屋が扱っていた。むろん、重三郎は地本問屋である。

安永四年（一七七五）、ついに重三郎は最初の吉原細見『籬《まがき》の花』を刊行した。それまで鱗形屋が刊行する吉原細見を販売していたが、ついに細見の版元としてのデビューを果たしたのである。

版元になった裏事情

重三郎が吉原細見の版元になったのには、もちろん理由があった。それは、世話になっていた鱗形屋の大失態にあった。

安永四年（一七七五）、鱗形屋は恋川春町《こいかわはるまち》（延享元年／一七四四〜寛政元年／一七八九）の手になる『金々先生栄花夢《きんきんせんせいえいがのゆめ》』を刊行し、これが大ベストセラーになった。恋川春町は戯作者、浮世絵師として知られ、『金々先生栄花夢』の刊行により、「黄表紙の祖」といわれた人物である。それは単に春町の力だけで成功したのではなく、企画、販売、宣伝の面において、鱗形屋が際立った能力を発揮したからだろう。

黄表紙は大人向けの絵が添えられた読み物で、表紙が黄色だったので、そのように呼ばれた。『金々先生栄花夢』は、中国の「邯鄲《かんたん》の夢」の故事を下敷きにした作品である。それまでの赤本、黒本、青本（以上も表紙の色でそう呼ばれていた）の類は、絵解きが中心であり、内容も伝承、軍記物語、怪談などを素材とした幼稚な内容だったので、あまり文学的なおもしろさがなかった。

黄表紙は内容に通と滑稽を交えつつ、挿絵を効果的に用いたので、人々はそのおもしろさに飛びついたのである。同書の大ヒットに気を良くした鱗形屋は、春町の作品を次々と刊行した。安永六年（一七七七）になると、黄表紙作家の朋誠堂喜三二《ほうせいどうきさんじ》（平沢常富《つねとみ》。享保二十年／一七三五〜文化十年／一八一三）を執筆者に迎え、たちまちヒットを飛ばした。平沢常富は秋田藩の定府藩士《じょうふはんし》で江戸留守居を務め、若い頃から「宝暦の色男」と称し、吉原通いを続けた人物である。

黄表紙の出現により、赤本、黒本、青本の類は出版市場から姿を消した。鱗形屋は黄表紙の刊行で隆盛を極めたが、図らずも不幸が訪れたのである。

安永四年（一七七五）、鱗形屋の手代《てだい》（奉公人）の徳兵衛は、大坂の版元の柏原与左衛門、村上伊兵衛が刊行した『早引節用集』（『節用集』は室町時代後期の国語辞書）を『新増節用集』と改題し、無断で刊行した。当時、著作権という言葉はなかったが、道義にもとる行為が大問題となり、罰せられることになったのである。

徳兵衛は家財を没収のうえ、十里四方追放という厳罰に処された。また、鱗形屋を経営していた孫兵衛も監督責任を問われ、二十貫文の罰金を払う羽目になったのである。鱗形屋にとっては罰金よりも、無断で作品を刊行したことで、すっかり信用を失ったことのほうが痛かった。その後、鱗形屋は黄表紙の出版攻勢で勢いを盛り返そうとしたが、安永九年（一七八〇）には一点も刊行できないという凋落《ちょうらく》ぶりを見せたのである。

出版点数を伸ばす

重三郎が吉原細見を出版し、その後もさらに出版点数を増やしたのは、鱗形屋が無断での出版により没落したことが大きなきっかけだった。危機に陥った鱗形屋は吉原細見を刊行する余裕がなくなったので、重三郎はそれまでのノウハウを生かし、自ら吉原細見『籬の花』の出版に踏み切ったと考えられる。

安永五年（一七七六）になると、吉原細見は蔦屋と鱗形屋から刊行され、それは安永の末年頃まで継続した。しかし、鱗形屋の吉原細見は劣勢となり、天明三年（一七八三）以降になると、蔦屋が独占的に吉原細見を刊行するようになったのである。蔦屋が吉原細見の出版を独占したのは、鱗形屋の大失態だけでなく、吉原を知り尽くした重三郎の情報網にあったのではないか。重三郎は鱗形屋のもとで「改め」を行い、遊女らの情報収集のノウハウをすでに持っていたので、さほど苦労はなかったはずである。

同時に、細見の刊行に際しては、工夫がなされていた。それまでの吉原細見は、一五・七㎝×一一㎝という大きさだったが、見やすくするためか、一九㎝×一三㎝にやや大型化を

朱良管江（『吾妻曲狂歌文庫』より）
東京都立図書館所蔵

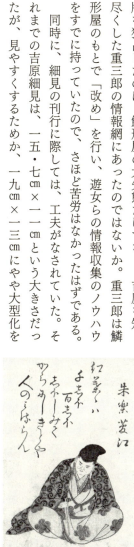

図った。蔦屋の吉原細見は上下に遊女の情報を掲載したので、必然的に丁数（頁数）が節約できた。その結果、蔦屋の吉原細見は一冊あたりの刷る枚数が減り、紙代などの経費を抑えられたので、鱗形屋より安く販売できた。そのような工夫があったので、蔦屋の吉原細見は大きなシェアを獲得できたのだろう。

天明三年（一七八三）に刊行された吉原細見『五葉松《ごようまつ》』は、重三郎にとって記念碑的な作品になった。序文は朋誠堂喜三二（平沢常富）が執筆し、巻末には四方赤良《よものあから》（大田南畝のペンネーム）の跋文《ばつぶん》（あとがき）に加え、朱楽菅江《あけらかんこう》の祝言狂歌を載せた。朱楽菅江は狂歌三大家（大田南畝、唐衣橘洲《からごろもきっしゅう》）の一人で、天明狂歌ブームを築いた人物である。同書には、当時のオールスター作家が参画したということになろう。

安永三年（一七七四）以降、重三郎は遊女評判記の『一目千本』を皮切りにして、吉原細見、俳諧絵本、読本、洒落本、絵本、評判記を続々と刊行した。しかも、関係した序文などの執筆者、挿絵の浮世絵師は、先述した錚々《そうそう》たる面々である。重三郎は、いかにして彼らを起用し得るだけの人脈を築いたのだろうか。

当時、吉原は遊郭としてだけではなく、社交場としての機能を持っていたので、文士《ぶんし》（文筆家）や絵師などの名士も訪れていた。重三郎は吉原に店を構えていたのだから、彼らが立ち寄った可能性は大いにあろう。そこでは、単に日常会話だけではなく、吉原細見などの仕事の話題が持ち上がったに違いない。こうして重三郎は、当時の名だたる文士らと交流を深め、仕事の依頼を行った可能性がある。

凋落した鱗形屋

蔦屋が台頭したのは、先にも触れたように鱗形屋がほかの版元が刊行した書籍を無断で改題のうえ販売し、処罰されたからだった。鱗形屋はすっかり信用を失い、徐々に出版の点数を減らしていった。刊行点数が減っていったのだから、経営も厳しくなっていくのは当然のことだった。ところが、蔦屋の出版点数も徐々に減っていった。

安永七年（一七七八）一月、蔦屋は吉原細見を刊行したが、この年の出版はこれ一点だけに止まった。翌年は吉原細見を一点、咄本を二点刊行しただけで、勢いを徐々に失ったのである。蔦屋の刊行点数が減ったという事実は、鱗形屋の衰退と関係しているのか否かは不明である。安永十年（一七八一）になると、鱗形屋の経営にとどめを刺すような出来事があった。

同年、大田南畝は絵草紙評判記『菊寿草』の中で、鱗形屋に起こった事件を書き記している。それ以外には、事件の顚末を物語る史料はない。次に、同書に記された事件の顚末を挙げておこう。

鱗形屋には大名や旗本の出入りが多かったが、ある家の使用人が遊興費を捻出するため、主家の重宝を無断で質入れして換金した。その仲介を行ったのが鱗形屋である。ことが露見すると、鱗形屋を経営していた孫兵衛は江戸から一時的に追放されることになり、責任を免《まぬか》れることができなかった。この事件が決定打となり、鱗形屋は事実上の経営破綻を迎えたのである。なぜ、鱗形屋が使用人の片棒を担ぐような真似をした理由は不明である。

通常、毎年一月に黄表紙は刊行されたので、前年から準備が必要だった。それは原稿の準備だけでなく、編集、印刷に至るスケジュールも含む。鱗形屋は安永九年（一七八〇）には一点も刊行できない状況になっていたが、その前年には刊行点数が激減していた。少なくとも安永七年（一七七八）には、鱗形屋の経営を圧迫するような事態が何かあったと考えられる。苦境に陥った鱗形屋は、事態を打開するため、先述した事件に関与してしまったのだろう。

鱗形屋の凋落と同じ頃、蔦屋もまた苦境に喘《あえ》いでいたが、安永九年（一七八〇）になると刊行点数がV字回復したのである。

復活した蔦屋

安永九年（一七八〇）になると、蔦屋の刊行点数は激増し、書籍を十五点も刊行した。それまでは合計して二十点ほどしか出版していなかったのだから、まったく驚くしかない。その内訳を確認すると、多い順から黄表紙が八点、吉原細見が二点、咄本が二点、往来物（初歩的な教育のテキスト）が二点、洒落本が一点である。

『伊達模様《だてもよう》　見立蓬莱《みたてほうらい》』の巻末には、重三郎の強い意気込みを感じる新版の広告が掲載された。そこに添えられた絵は、芝居の舞台をあしらったもので、重三郎が幕引き役で登場するというユニークなもの。注目されるのは、黄表紙を八点も刊行したことで、そのうち、四点を執筆したのは朋誠堂喜三二である。

朋誠堂喜三二は先述のとおり、秋田藩の定府藩士で江戸留守居を務めていた。役目として吉原での接待は欠かせなかったので、通い詰めていたのだろう。朋誠堂喜三二というペンネームには、「干《ほ》せど気散《きさん》じ」という意が込められていた。江戸に生まれた喜三二は、幼い頃から芝居を好み、乱舞、鼓を習っていた。俳号月成、狂名に手柄岡持《てがらのおかもち》を用いるなど、非常に文才の豊かな人物だった。恋川春町とともに、黄表紙の発展に貢献し、数多くの著作を残したのである。

鱗形屋が傾いていくと、喜三二や春町の活躍の場が失われた。当時、黄表紙を刊行する版元はほかにもあったので、二人にオファーがあったに違いない。たとえば、鱗形屋のライバルの版元としては、鶴屋喜右衛門がいた。鶴屋喜右衛門は京都の書物問屋だったが、のちに江戸に進出し、手広いジャンルの本を刊行した。喜三二の著作も一点刊行したのだから、互いに知らない仲ではなかったはずである。当時の蔦屋はむしろ弱小で、まだ鶴屋喜右衛門の足元にも及ばなかった。

このように喜三二の激しい争奪戦が展開されたと思われるが、最終的に勝利したのは重三郎だった。それには、いくつかの理由が考えられる。

重三郎は吉原に本拠を置き、鱗形屋のもとで吉原細見の販売を扱い、やがて版元として独立した。いかに弱小とはいえ、十分なノウハウを蓄積していたので、大手に匹敵するほどの可能性を秘めていたに違いない。また、喜三二らの作家に加え、北尾重政、勝川春章らと仕事を通じて、厚い信頼関係を築いていた。商才たくましかった重三郎のことだから、いち早く彼らに協力を要請したことだろう。

こうして、まだ三十一歳だった重三郎は、喜三二らの人気作家を囲い込むことで、その後の発展を確実なものにしたのである。

コラム❶　吉原と遊女のことなど

遊女と遊ぶ相場

重三郎は吉原を舞台にして、出版業で成功するきっかけをつかんだ。ここでは、吉原を含む遊女について述べることにしよう。

江戸の吉原（東京都台東区）で人気がある遊女は、「呼出し昼三《ちゅうさん》」と称された。揚代《あげだい》（遊女や芸者を呼んで遊ぶときの代金）が昼夜で三分（約十万円）だったので、そのように称されたという。太夫と称される最高ランクの揚代は、一両一分だったといわれている。この金額を現代の貨幣価値に換算すると、十五万円程度になるから、かなりの高額だったのは明らかだ。

吉原との比較のために、低価格の夜鷹の例を挙げておこう。夜鷹とは非公認の私娼のことで、夜になって道端で客引きをし、仮小屋または莫蓙《こざ》の上で情交した。その揚代は、二十四文（三百～四百円）という激安ぶりだった。夜なので遊女の顔が見えず、高齢の女性が交じることも珍しくなかった。

夜鷹が出没するのは本所吉田町（東京都墨田区）で、客は武家・商家の下級奉公人や下層労働者だった。吉原で遊べない貧しい者は、夜鷹を買っていたのである。夜鷹狩りという取締りは、しばしば行われたという。

江戸の吉原で、もっとも格式の高い遊女屋が大見世《おおみせ》（大籬《おおまがき》見世《みせ》、総籬《そうまがき》）である。大見世は高いランクの遊女を抱えており、張見世《はりみせ》（後述）をせずに客を募った。見世の内部は上り口の格子（籬）がすべて天井まで達しており、間口、奥行はもっとも大きかった。

中見世は上り口の格子の高さが大籬の二分の一から四分の三ぐらいで、小見世は格子の高さが大籬二分の一以下だった。張見世は遊女屋の入口脇に設けられた部屋で、遊女が盛装して並び、客から声が掛かるのを待つものである。いずれもテレビの時代劇や映画でお馴染みの場面である。

吉原初期では、遊女のランクによって揚代が決まっていた。大見世の遊女の目安は、次のとおりである。
- 太夫《たゆう》（一両一分＝約十五万円）
- 格子《こうし》太夫（三分＝約十万円）

●格子（二分＝約六万五千円）

中見世の遊女は、次のとおり。

●散茶《さんちゃ》（三分＝約十万円）

●局《つぼね》（二分＝約六万五千円）

小見世の遊女は、次のとおり。

●端《はし》（一分＝約三万三千円以下）

以上の挙代は一つの目安に過ぎず、実際はさまざまだった。

遊女との遊び方

江戸吉原で高級遊女と遊興する客は、最初に遊女屋などに案内する引手《ひきて》茶屋に行き、芸者、幇間《ほうかん》（太鼓持ち）らを招いて飲食をした。幇間とは男芸者のことで、酒席で座興を披露した。やがて、指名の遊女が引手茶屋に迎えに来るので、適当なところで遊興を切り上げて、遊女屋へ行くのが普通の形式だった。吉原には、五十軒茶屋、編笠茶屋、揚屋茶屋などの茶屋が多数あった。

岡場所とは、江戸時代の私娼街のことで、公認の吉原に対する言葉だった。岡場所は、深川（東京都江東区）、築地（同中央区）、品川（同品川区）、新宿（同新宿区）、赤坂（同港区）などにあった。江戸幕府は公娼遊郭制だったので、私娼は違法である。しかし、幕府の対策が不十分だったことから、十八世紀の半ば頃から江戸の各地に岡場所があらわれ、約七十ヶ所が知られている。吉原に比べて安かったので、岡場所は有数の歓楽街になった。

湯女《ゆな》は一種の娼婦で、風呂屋に雇われた。江戸時代前期には、江戸、京都、大坂のほか、地方の温泉場などで隆盛を極めた。温泉場では、有馬（神戸市北区）、山中（石川県加賀市）の湯女が有名だった。大湯女は客席を担当し、小湯女は客の体を風呂場で洗った。その後、飲食をしたあと、夜を共にしたのである。

飯盛女《めしもりおんな》（飯盛、飯売女）は、街道の宿場で旅行者の給仕や雑用をしつつ、売春も行っていた。もともとは遊女だったが、江戸時代中頃から江戸幕府が厳しく遊女を取締ったため、飯盛と名を変えたという。享保三年（一七一八）、幕府は飯盛女を江戸十里四方の宿屋一軒につき二名に定め、その他の宿もこれに準じる扱いにした。しかし、こうした規制は守られず、洗濯女と称して雇われることもあった。

一方では純粋な遊郭ではないが、ほかに似たようなシステムが誕生した。

出合《であい》茶屋は男女が密会に利用する茶屋のことで、待合《まちあい》茶屋ともいった。貸席のことである。平たく言えば、現代のラブホテルに相当する。取締りなどに備え、出入口を二ヶ所以上にしたり、客席を二階にするなどの工夫をしていた。

京都や大坂では、出合茶屋のようなものを盆屋《ぼんや》と称した。江戸では酒肴を提供したが、盆屋は提供しなかったので低料金だった。江戸では、八丁堀代地《だいち》（東京都中央区）や上野の不忍池畔《しのばずちはん》（同台東区）にあった待合茶屋が有名である。

最後に、陰間《かげま》茶屋（子供茶屋。野郎茶屋）を取り上げておこう。陰間茶屋とは、陰間（男娼）を呼んで遊ぶ宿のことで、宴席に侍らせて男色を行った。陰間を抱える家を子供屋といった。

陰間の年齢は十〜十七歳で、小姓風の衣装を着ていた。のちに大振袖を着て、島田髷《まげ》に髪を結い、女性的な言葉遣いや動作をするようになった。江戸の陰間茶屋は芳町、木挽町《こびきちょう》（以上、東京都中央区）、湯島（同文京区）、芝神明（同港区）などに多く、湯島、芝神明の陰間茶屋は、寛永寺、増上寺の僧侶を客にしたという。

遊女になった女性たち

そもそも、どのような女性が遊女になったのだろうか。

多くの場合は、親が借金苦のため、幼い頃に妓楼（遊女屋）に売られた。おおむね、農村などの貧しい家庭の親、貧しい下級武士の親、不況や事業の失敗などで没落した商家の親などが売ったのだろう。若い娘が悪い男に騙され、売られることもあった。金に困った者にとって、遊女は手っ取り早く稼ぐ手段だった。

農村の場合は三〜五両（四十万〜六十五万円）、下級武士の場合は十八両（二百三十八万円）で娘を売ったという記録がある。妓楼は親に金を渡すが、返済義務は売られた子にあった。

売られた女性は、十歳前後だったといわれている。花魁《おいらん》になるための子は禿《かむろ》といわれ、妓楼で雑用をこなしながら、芸事を学び修業を行ったのである。

禿は十五・六歳頃になると、「留袖新造」と「振袖新造」に振り分けられる。「留袖新造」は才能がないため、花魁への道を諦めなくてはならなかった。一方の「振袖新造」は、将来の有力な花魁候補となった。ここが運命の分かれ道である。

新造はお客をとる前、水揚げ（初体験）という儀式を行わねばならなかった。新造の相手は中年の金持ちの男性が多く、妓楼が依頼した。その多くは性行為に長《た》けていたので、新造が性行為に恐怖心や嫌悪感を抱くことは少なかったというが、それはケース・バイ・ケースだろう。こうして水揚げを終えた新造は一人前の遊女となり、毎日、客の相手をすることになったのである。

では、遊女は何歳くらいで引退したのだろうか。

遊女の引退年齢は、おおむね二十代後半である。その間、金持ちの客が遊女の借金を肩代わりしてくれたら、早く引退できた（身請け）。その額は下級の遊女で四十～五十両（約五十二万～六十五万円）、中級クラスなら百両（約千五百万円）といわれている。トップクラスの花魁になると、千両（約一億三千万円）以上の身請金が必要だった。中級以上になると、かなりの高額である。

年季が明けても、借金のある遊女は多かった。その場合は、そのまま妓楼に残って、花魁の雑用をしたり、遊女の管理などをする仕事に就くこともあったが、それでは大した稼ぎにはならなかった。その多くは岡場所などで色を売ったり、夜鷹として仕事を続けざるを得なかった。気の毒だが、ほかの仕事に移るのも困難だったので、転落人生を歩むことになったのである。

遊女の一日

次に、吉原の遊女の一日を確認しておこう。

遊女と一夜を過ごした客が帰る時間は、朝の六時頃である。この時間には、吉原唯一の出入り口である大門の木戸も開いた。遊女たちは客が目覚めると帰り支度を手伝い、階段のところまで客を見送ったのである。

客が帰ったあと、遊女たちは部屋に戻り二度寝の床につく。高級遊女には個室があったが、下級遊女や禿という見習いの少女は、大部屋で雑魚寝《ざこね》だった。二度寝から覚める時間は、午前十時頃である。

遊女は、起きると朝風呂に入った。吉原の妓楼には内湯があったが、湯屋（銭湯）を利用する遊女もいた。ちなみに、洗髪は月に一回だけだったという。

入浴後、遊女は遅めの朝食を摂った。高級遊女は自室だったが、下級遊女や禿は広間で食事を摂った。食事は質素で、白米、お味噌汁、漬物くらいだった。朝食後、身支度を整えて昼見世に備えたのである。

昼見世とは遊女が昼過ぎから夕方まで客を引くことで、夕方の門限の厳しい武士が目当てだった。その時間帯は、正午頃から午後四時くらいまでである。その後、午後六時頃までは休憩時間で、食事を摂ることもあった。

午後六時頃になると、妓楼に灯りがつき、いよいよ吉原が活気づく。各妓楼では、清掻《すががき》

『吉原遊郭娼家之図』国立国会図書館所蔵

という三味線によるお囃子が弾き鳴らされると、夜見世《よみせ》が開始される。ここからが吉原の本番だった。

吉原といえば、仲之町で行われる花魁道中である。花魁は高さ約十五〜十八㎝の黒塗りの下駄を履き、外八文字という歩き方で、ゆっくりと町の中を練り歩いた。花魁には二人の禿が従い、大きな傘を掲げた奉公人や新造（若い見習いの遊女）もあとに続いた。

妓楼で遊ぶ場合は、客は必ず引手茶屋を通す必要があった。花魁は引手茶屋の店先で顔見せをし、客が花魁を指名すると、引手茶屋で少し酒を飲み、それから妓楼へ宴席を移したのである。

午後十時頃になると、吉原唯一の出入り口の大門が閉門する。午前零時頃には、妓楼も店終《じま》いするが、遊女は客の相手をしなければならなかった。床入りの時間は、午前二時頃だったという。客は高級遊女の個室、下級遊女なら廻し部屋という大部屋で遊女が来るのを待ったのである。

朝を迎えると、遊女の一日は終わる。ちなみに逃亡の恐れがあるので、遊女が吉原の外へ出ることは禁止されていた。遊女は一年を通して、右のサイクルで仕事と生活をしていたのである。

第二章

狂歌本への進出

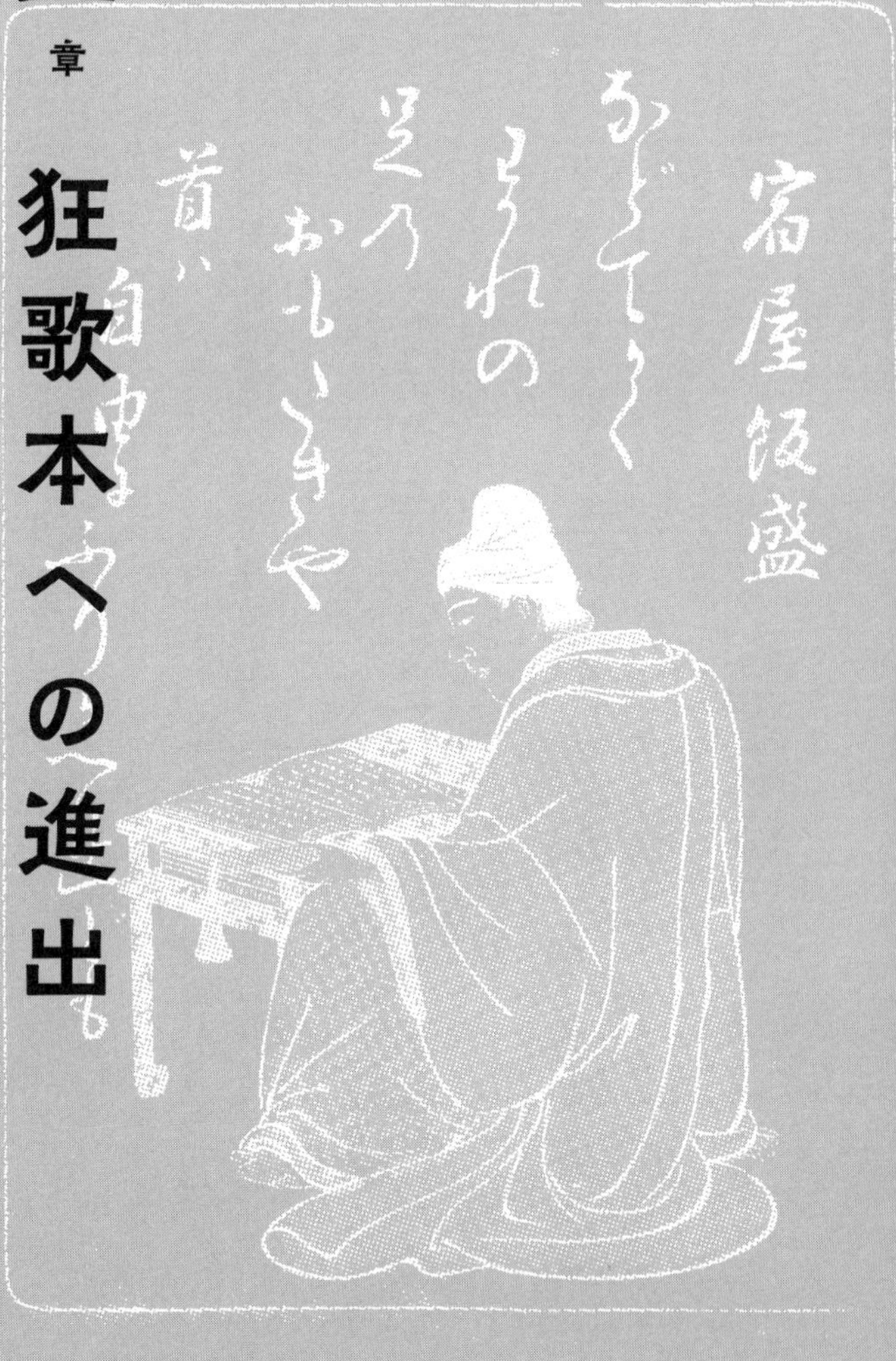

日本橋通油町への進出

天明三年（一七八三）九月、重三郎は地本問屋の丸屋小兵衛の株を買い取り、店舗を日本橋通油町（東京都中央区日本橋大伝馬町）に移転した。日本橋通油町は灯油を扱う商家が多く、本町通に面していたことから、そのような町名になったという。付近には浄瑠璃本屋の鶴屋喜右衛門、山形屋市郎右衛門らが店を構えており、中でも鶴屋の錦絵は長く江戸の名物として知られていた。

日本橋には、書物問屋の須原屋茂兵衛も店を開いていた。初代の茂兵衛は紀伊栖原《すはら》（和歌山県湯浅町）の出身で、万治元年（一六五八）に江戸に出てきて書物を商うようになった。その後、暖簾《のれん》分けして書物問屋を開業したのが、須原屋市兵衛、須原屋伊八らである。日本橋には、すでに老舗の書肆《しょし》（書店）が軒を連ねていた。

重三郎は、多くの一流の版元が開業する日本橋通油町に店を構え、さらに飛躍を期したのである。ただし、吉原の店は閉じたのではなく、そのまま営業を続けていたので、支店を増やしたということになろう。

重三郎は日本橋通油町への進出以前、ホームグラウンドの吉原で、吉原細見というコンテンツを売り出し、安定的な売り上げを確保していた。しかし、経営はいつどうなってしまうのかわからない。そこで、富本節《とみもとぶし》や往来物を刊行することで、経営のリスクを分散しようと考えたのである。

富本節、往来物の刊行

富本節とは浄瑠璃の一流派で、寛延元年(一七四八)に富本豊前《とみもとぶぜんのじょう》掾が常磐津節《ときわずぶし》から分かれて創始した。豊前掾は美声でもって知られ、富本節はたちまち人々の間で大流行した。江戸三座では、富本節を採用した舞踊で大賑わいになったという。江戸三座とは幕府から興行を認められた歌舞伎の劇場のことで、中村座(初め猿若座)・市村座(初め村山座)・森田座の三座のことである。

安永年間の後半になると、狂言作者の桜田治助《じすけ》が台本を書き、その中でも道行き浄瑠璃(男女の駆け落ちや心中を題材としたもの)が大ヒットすると、富本節は全盛期を迎えたのである。武士も愛好したほか、富本節のうまい町人の娘は、無条件で武家屋敷への奉公が叶ったといわれている。もちろん重三郎は、富本節の大流行に目を付けた。これを商機と考えたのである。

安永七年(一七七八)、重三郎は富本節の株を取得すると、ただちに正本・稽古本の刊行に着手した。正本は公演の初演で刊行され、表紙には浄瑠璃の一場面が描かれたものである。また、縹色《はなだ》（薄い藍色）の表紙を付けた稽古本（青表紙）は、稽古で用いられるもので、本文に節付けがされていた。

富本節の本は、新作が出るたびに改訂されるので、商品の回転が早かったといわれている。稽古本の価格は一冊が四文とかなり安かったが、発行部数を増やして利益を出していたという。薄利多売だったかもしれないが、富本節の本は蔦屋の売り上げの基礎となったのである。

安永九年（一七八〇）以降、重三郎が刊行に着手したのは往来物である。往来物は子供たちが手習いで使用する教科書のようなもので、そもそもは地本屋が出版する書物だった。重三郎は毎年、往来物の新刊を刊行したが、メリットがあったのだろうか。往来物は教科書なので、子供の成長とともに使い捨てられた。しかも価格が安かったので、利益が薄かったといわれている。富本節の本と同じである。

その一方で、往来物は消耗品という性格もあり、子供が新たに学ぶ際は必要になるので、安定した売れ行きを確保することができた。派手さはないものの、隠れたロングセラーということになろう。それは、富本節の本と同じ構造で、薄利多売で利益を確保したのである。

重三郎は優れた企画力、ヒット作品への嗅覚が優れていたが、一方で経営者としても優れた才覚を持っていたといえよう。

富本節と吉原

富本節と吉原は関係がないようで、実は深いつながりがあった。そこに目を付けたのが、重三郎である。

天明二年（一七八二）に刊行された吉原細見によると、吉原の遊女の数は二九一二人に達していたという。同年十一月、中村座の顔見世狂言の三立目《みたてめ》の浄瑠璃が上演された。それは、富本豊前太夫（二世）が語る桜田治助作「睦月恋の手取」で、春駒の姿で踊ったのは、岩井半四郎（四世）と瀬川菊之丞（三世）である。豊前太夫が語る文句の中には、吉原の名だたる遊女の名が挙がっており、これが観客の好評を博した。この浄瑠璃は大成功を収め、重三郎は大金をつかんだといわれている。

春駒とは、新年に家々をめぐる門付《かどづけ》芸の一つである。木で作った馬の首形にまたがったり、手に持ったり、舞ったりして祝言を唱えて回り、お金をもらうのである。江戸時代中期になると、歌舞伎の所作事《しょさごと》として演じられるようになった。

この大成功の背景には、重三郎のプロデュース力だけではなく、幅広い人脈もあったといえる。その一人が吉原を牽引していた、扇屋の主人の宇右衛門である。宇右衛門は「墨《ぼく》河《が》」という号を持ち、加藤千《ち》蔭《かげ》から歌を教わっていた。狂名は棟上高見《むねあげのたかみ》といい、狂歌も嗜《たしな》んでいた。もう一人は、同じく狂歌を嗜んでいた大文字屋主人（狂名／加保《かぼ》茶元成《ちゃのもとなり》）で、ともに吉原の著名な遊女を抱えていた。そして、重三郎とは狂歌仲間だったというのが共通点である。

重三郎は、富本節本や往来物の刊行で安定的な経営基盤を築くだけでなく、類稀なる企画力と人脈で、ほかの版元より一歩先んじていたのである。

出版界の再編

鱗形屋が没落し、蔦屋が朋誠堂喜三二らを起用して台頭したのは先述のとおりであるが、ほかの版元も蔦屋の活躍ぶりに黙っていたわけではなかった。

版元の鶴屋喜右衛門は、戯作者で浮世絵師の山東京伝（北尾政演《まさのぶ》。宝暦十一年／一七六一～文化十三年／一八一六）を起用した。奥村屋、西村屋、伊勢屋、岩戸屋、松村屋といった版元も新たに人材を発掘したので、いっそう出版界の競争が激化した。有能な新人を発掘することは、蔦屋のみならず版元が生き残るための重要な経営戦略の一つだったので、その競争は激しさを増していたのである。

蔦屋が大発展したのは、鱗形屋から引き継いだ喜三二や北尾重政らの貢献によるものだった。安永十年（一七八一）、大田南畝は絵草紙評判記『菊寿草』を刊行した。同書は、安永七年（一七七八）に刊行された黄表紙を批評した作品である。南畝自身も黄表紙に強い関心を持ち、作品を刊行するほどだった。南畝の黄表紙の批評は高く評価され、一種の権威とみなされていた。同書の評価は、黄表紙の売れ行きを左右したのである。

当時、役者評判記が刊行されており、役者のランク付けがなされていた。『菊寿草』もその方式にならって、黄表紙の内容によって立役之部などの分類を行った。さらに、黄表紙の内容の良し悪しに応じて、「極上上吉」などの評価を行い、南畝の評価が添えられたのである。そのほか、版元、戯作者、浮世絵師も対象になったのだから、その評価は総合的なものだった。

注目すべきは、版元の評価（太夫元之部）において、名だたる版元に交じり、まだ新進だった蔦屋が挙げられていることだ。ほかは、鶴屋などの一

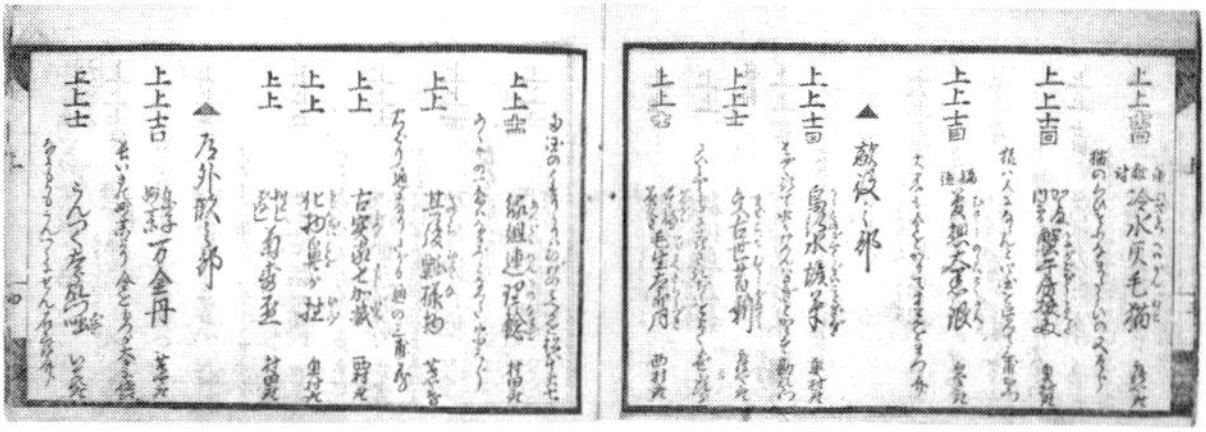

『菊壽草』東京都立図書館所蔵

流どころの版元ばかりである。それだけではない。作者之部では喜三二らの名が、また絵師之部では北尾重政らの名がそれぞれ挙がっているが、彼らは蔦屋の黄表紙刊行に携わった人物だった。つまり、蔦屋は版元としてだけでなく、関わった執筆者や絵師も高く評価されたので、大いに名声を高めたのである。

　翌天明二年（一七八二）、南畝が草双紙評判記『岡目八目』を出版すると、蔦屋から刊行された『夫《それ》は小倉山是は鎌倉山　景清百人一首』（喜三二著）が立役之部、『跡《あと》を老松《おいまつ》東《あずま》へ飛《とび》梅《うめ》　我頼《われたのむ》人《ひとの》正直《まこと》』が敵役之部でそれぞれ筆頭に挙げられた。南畝という権威ある黄表紙の批評家に高く評価され、蔦屋の令名《れいめい》はますます天下に轟《とどろ》いたのである。

　鱗形屋を例に出すまでもなく、版元にも栄枯盛衰がつきものである。豊仙堂丸屋小兵衛は売れ行きが鈍くなり、重三郎に買収された版元である。豊仙堂は青本、黄表紙、浄瑠璃本、錦絵などを販売し、手広く商売をしていたが、やがて経営が行き詰まったようである。その点、重三郎は流行に乗りながら、利益が薄くても売れ行きが手堅い書物を刊行していた。堅実な経営を行うのが、重三郎のモットーだったのだろう。

狂歌の時代

天明年間（一七八一～一七八九）になると狂歌が大流行し、関係する書物が多数刊行されることになった。重三郎はこの商機を逃さなかったが、そもそも狂歌とはどのようなものだろうか。

狂歌は和歌と同じく、五・七・五・七・七の形式で詠まれるが、内容は本質的に違ったものである。和歌が美しい風景や人々の心情を詠うのに対して、狂歌は日常生活の通俗な機知や滑稽を詠んだものである。和歌のパロディ版といっても差支えないだろう。単に滑稽な内容で歌を詠むのではなく、和歌の伝統的な権威をはぐらかすなどしているので、言葉を用いた一種の遊戯なのである。

狂歌の源流をたどると、『万葉集』の戯笑《ぎしょうか》歌や無心所着《むしんしょじゃくか》歌を挙げることができよう。狂歌という言葉が使われ出したのは、中世以降であるといわれている。しかし、狂歌が作られても、それはあくまで余興であり、記録することさえ許されなかった。現在、残っている作品（鎌倉時代の『狂歌酒百首』、室町時代の『永正狂歌合』など）は、秘密裏に記録されて伝わったものである。

織豊時代には、古今伝授を授けられ、歌学の権威だった細川玄旨《げんし》（幽斎《ゆうさい》）なども狂歌を作った。江戸時代になると、狂歌は当時流行していた俳諧と並び、新しい文芸として市民権を得ることになった。俳人の松永貞徳《ていとく》が狂歌を作るようになると、貞門俳人らもこれにならったといわれている。この頃から狂歌集も少しずつ刊行されるようになり、人々の間に広まっていったのである。

江戸時代初期の狂歌の中心地は京都だったが、中期になると大坂へと移った。豊蔵坊信海《ほうぞうぼうしんかい》の教えを受けた永田貞柳《ていりゅう》は、狂歌に古典の教養や様式と庶民の感情を交えた様式を求めた。しかし、一般大衆は古典の素養が乏しいため、徐々に人気を失っていった。その影響から、狂歌は徐々に内容が卑俗なものになってしまい、京都で培われた機知や風流が感じられなくなったという。狂歌師が職業化したのは、おおむねこの頃からである。

その後、狂歌は各地に広まったが、江戸では関心が持たれず、なかなか人々の間に広まらなかった。江戸時代後期になって、ようやく狂歌の中心地は江戸に移ったのである。狂歌師の内山賀邸《がてい》（椿軒《ちんけん》）が会を催したのがきっかけになり、急速に人々の間に広まっていった。天明三年（一七八三）に唐衣橘洲《からごろもきっしゅう》が『狂歌若葉集』を、四方赤良（大田南畝）が『万載狂歌集』といった狂歌集を刊行すると爆発的に人気が出て、天明狂歌が大流行したのである。

天明から寛政（一七八一〜一八〇一）にかけて、狂歌は熱狂的に人々から支持され、黄金時代を迎えた。重三郎はこれを商機と捉え、狂歌書の刊行に力を入れたのである。その後の狂歌に触れておくと、時代を経るにつれて低俗の誹《そし》りを逃れることができず、幕末から明治にかけて徐々に衰退し、その地位を失ったのである。

天明狂歌壇の顔ぶれ

狂歌の歴史を概観したので、狂歌黎明期の天明狂歌に関わった人々を確認することにしよう。

天明狂歌の道を開いたのは、先述した内山賀邸である。賀邸は歌人、儒学者として知られ、幕臣でもあったが、役職などの詳細は不明である。坂静山《ばんせいざん》から和歌の指導を受け、烏丸光胤《からすまみつたね》、日野資枝《すけき》といった歌人からも学んだ。賀邸は賀茂真淵《かものまぶち》、田安宗武《むねたけ》らと並び、「江戸の六歌仙」と称されたほどの和歌の腕前を誇っていた。賀邸のもとには、小島橘洲（唐衣橘洲）、大田南畝（四方赤良）、山崎景貫《かげつら》（朱楽菅江）といった、のちに天明狂歌を牽引する狂歌師が弟子として集まったのである。彼らは、「狂歌三大家」と称された。

では、もう少しそれぞれの人物の紹介をしておこう。

小島橘洲（唐衣橘洲。寛保三年／一七四三〜享和二年／一八〇二）は幕臣として田安家に仕え、賀邸のもとで和歌や国学を学んだ。やがて、橘洲は狂歌に関心を持ち、地味ながら端正な狂歌を詠んだが、流行に乗った機知や滑稽の要素が乏しく、細川玄旨（幽斎）の作風を好んだという。大衆向きではなかった橘洲の作品は、あまり好まれなかったともいわれているが、晩年には狂歌壇の長老として重きを置かれた。

山崎景貫（朱楽菅江。元文五年／一七四〇〜寛政十二年／一八〇〇）は幕臣で、そもそもは俳諧を嗜《たしな》み、「貫立」と号していた。川柳の牛込蓬莱連グループに所属し、『川傍柳《かわぞいやなぎ》』を編集したことでも知られている。晩年に至ると、菅江の狂歌の作風は、和歌に近くなったという。妻は狂名を節松《ふしまつの》嫁々《かか》といい、菅江の没後に朱楽連（菅江の弟子のグループ）を引き継いだ。

大田南畝（四方赤良）はこれまでも登場したが、狂歌だけではなく、洒落本、黄表紙などの作家としてマルチな活躍を見せた。南畝もまた幕臣だった。南畝は狂詩『寝惚《ねぼけ》先生文集』が平賀源内に激賞され、一躍文壇で知られるようになった。軽快な諧謔《かいぎゃく》（冗談、ユーモア）は世の人の心を捉え、その笑いと機知は大いに歓迎された。安永末年頃になると、南畝は文芸界で中心的な役割を果たすようになった。先述したとおり、黄表紙を選評した『菊寿草』、『岡目八目』は、良きガイドブックにもなったのである。

やがて、南畝は江戸の代表的な知識人として、江戸文芸全般をリードする存在となり、それは狂歌界でも同様だった。

狂歌熱の広がり

明和六年（一七六九）、四谷忍原横町《おしはらよこちょう》（東京都新宿区）の唐衣橘洲の屋敷において、わずか四、五人の参加者で狂歌の会が催された。この会こそが、天明狂歌の出発点となった。天明年間に至ると、狂歌熱は最高潮に達したのである。

名のある狂歌師は、自ら「連」という組織を作り、会の活動を行った。「連」とは、結社またはサークルのようなものである。たとえば、四方赤良は「山手連」、朱楽菅江は「朱楽連」、唐衣橘洲は「四谷連」といった具合で連を結成したのである。重三郎の記録を残した石川雅望（宿屋飯盛）も「伯楽連」を主宰した。こうして、連には多くの人々が集い、狂歌の作歌活動が行われたのである。

連には狂歌師だけでなく、実に多彩な顔触れが集まった。

戯作者では、ここまでたびたび登場した手柄岡持《てがらのおかもち》（朋誠堂喜三二）、酒上不埒《さけのうえのふらち》（恋川春町）らがおり、ユニークな狂名と作品で名を馳せた。戯作者で絵師の身軽《みがるの》折輔《おりすけ》（山東京伝）も同様である。役者では花道《はなみち》のつらね（五世・市川團十郎）がおり、のちに堺町連というグループを主宰した。絵師の筆《ふでの》綾丸《あやまる》（喜多川歌麿）は、蔦屋のもとで数多くの狂画（滑稽を主題とした絵）を描いた。ほかにも、妓楼主らが連に加わっていた。こうした多士済々の人々が狂歌に関わることにより、ますます発展したのである。

連に集った人々は、武家、町人や文化人など実に多彩な階層かつユニークな人々だったが、身分的な上下関係に制約されることはなかった。あくまで狂歌を楽しむための集まりであり、作品を発表し批評するなかで、切磋琢磨したのである。

四方赤良、朱楽菅江、唐衣橘洲という三人が中心となり、狂歌界は発展していった。先に触れたとおり、狂歌は卑俗な要素を詠む、和歌の形を借りたパロディである。すでに、戯作者として名を馳せていた赤良は、人を引き付ける社交性があり、詠みの明るさが受けて、突出した存在になっていった。赤良の作品は図抜けており、主宰する連は注目の的になった。さまざまな分野の一流の文化人は、自由な発想から生み出される狂歌の虜《とりこ》になったのである。

天明三年（一七八三）、四方赤良、朱楽菅江の編により、『万載《まんざい》狂歌集』（版元は須原屋伊八）

が刊行された。タイトルは『千載《せんざい》和歌集』と三河万歳《まんざい》（三河地方の正月の祝福芸）から着想を得て、もじったものといわれ、しかも構成などは勅撰集のパロディになっていた。二百人以上もの狂歌師の作品を載せたので、こちらも話題となった。

そもそも狂歌はその場で詠み捨てられるものであり、のちに作品が残るとか、出版物として刊行されることが想定されていなかった。『万載狂歌集』や後述する『狂歌若葉集』の刊行により、狂歌は記録されるようになり、大流行に大いに貢献したのである。まさしく天明狂歌壇の幕開けだった。

狂歌壇での対立

四方赤良、朱楽菅江、唐衣橘洲の三人が天明狂歌壇の中心的な存在だったが、狂歌の方向性、作風などをめぐって、それぞれの考えに相違があるのは当然だった。中でも、四方赤良と唐衣橘洲の対立は、非常に深刻なものになった。

天明元年（一七八一）、橘洲は平秩東作《へづつとうさく》、元木網《もとのもくあみ》、蛙面坊懸水《あめんぼうけんすい》、古瀬勝雄《ふるせのかつお》といった、古くからの仲間を誘い、狂歌集の刊行を計画していた。これこそが天明三年（一七八三）に刊行された『狂歌若葉集』である。この作品は上下二巻から成り、作者は六七人で、八四三首もの狂歌を作者別に収録した。天明年間に最初に刊行された狂歌集である。ところが、問題がなかったわけがない。

先述したとおり、橘洲の狂歌は端正なもので、上品ともいえる作風だった。一方の赤良の狂歌は、機知に富んだおかしみのある作風だったので、両者の狂歌に対する考え方は、真っ向から対立していた。そのような事情もあり、橘洲は人気のある赤良を編者に加えなかった。朱楽菅江のことも軽視していたようである。しかも、『狂歌若葉集』の作品で、赤良の狂歌を「すさめがち」と手厳しく批判した。

かつて、文化の中心地は京都・大坂という上方にあったが、この頃になると、江戸でも独自の文化を築き上げようという気風が漂っていた。橘洲には上方文化への憧れがあり、狂歌もその影響を受けていたが、赤良は違っていた。軽妙洒脱《しゃだつ》、歯切れのいいユーモアに富んだ赤良の狂歌は、江戸の人々に受け入れられ、好評を博することになった。結論を言うと、『狂歌若葉集』はあまり評価されず、直後に刊行された赤良と菅江の編集による『万載狂歌集』に軍配が上がったのである。

狂歌壇における軋轢《あつれき》は、その後の発展を考えると、決して喜ばしいことではなかった。橘洲は赤良に敗北したことにより、一度は狂歌から足を洗った。ところが、天明七年（一七八七）に赤良が狂歌壇から退くと、その後は江戸狂歌壇の長老として、橘洲は再び強い存在感を示したという。

このように『万載狂歌集』の刊行をきっかけとして、狂歌壇は赤良を中心とするグループが実質的に掌握し、以後も発展し続けた。同時に、狂歌がこれまでの詠み捨てから脱却し、狂歌集の刊行が世間から大歓迎されるようになり、爆発的な人気を獲得することになった。むろん、重三郎がこの商機を逃すことはなかった。

狂歌界への参入

天明三年（一七八三）に刊行された『万載狂歌集』の反響はあまりに大きく、その動きに触発されたのか、重三郎も狂歌界に身を投じた。重三郎は「蔦唐丸《つたのからまる》」というユニークなペンネームを付け、狂歌の作歌にいそしんだのである。重三郎が狂歌を作り出したのは、単に関心を持ったからだけではないだろう。狂歌を嗜むことで、さらに赤良と親交を深め、狂歌書の刊行を目論《もくろ》んだからだと考えられる。

狂歌の会に出席することは、重三郎にとって大きなメリットがあった。狂歌の会には、多くの才能に恵まれた狂歌師が出席したので、狂歌書の企画立案に際して、優れた作品を収録できる可能性が高くなった。狂歌は天明年間に開拓されたので、まだまだ宝の山だった。重三郎は狂歌の最前線の現場に身を投じることで、商機に生かしたのである。まさしく重三郎は、天明狂歌の発展に欠かすことができない人物だったのだ。

ところで、重三郎と赤良は、いつ頃に知り合ったのだろうか。

安永九年（一七八〇）、蔦屋は四方屋《よもや》本太郎《ほんたろう》正直《しょうじき》の黄表紙『嘘言《うそ》八百《はっぴゃく》万八伝《まんぱちでん》』を刊行した。内容は嘘やホラを得意とした万八という人物の話で、落語の元ネタにもなったほどの作品である。四方屋本太郎正直が赤良と同一人物であるという説によると、二人の邂逅は安永九年（一七八〇）になるが、もちろん異説もある。

天明元年（一七八一）、重三郎が赤良のもとを訪ねたという記録がある（『丙子《へいし》掌記《しょうき》』）。重三郎は赤良が『菊寿草』で蔦屋が刊行した喜三二の作品を批評したと知り、わざわざ訪ねたのである。『丙子掌記』は、赤良の日記である。わずか一年の違いであるが、おおむねその前後の頃、二人は親交を結んだと考えていいだろう。

翌年以降、二人がたびたび狂歌の会などで会ったことが諸記録により判明する。恋川春町の『年の市の記』によると、天明二年（一七八二）十二月に春町や赤良らが重三郎のもとに集まったという。詳しいことは書かれていないが、ほかにも狂歌師が招かれているので、何らかの会合があったのだろう。

天明五年（一七八五）十月十四日、重三郎が主催し、赤良らが参加して狂歌の会が催された（『夷歌《いか》百《ひゃっ》鬼《き》夜《や》狂《きょう》』）。場所は、深川油堀《あぶらぼり》（東京都江東区）にあった狂歌師の土師掻安《はじのこきやす》（榎本治右衛門）の屋敷で、『夷歌百鬼夜狂』というタイトルにちなんで、『百物語』をテーマとして狂歌を作ったという。

『百物語』とは、夜に人が集まり、順番に怪談を語り合うものである。最初に、蠟燭《ろうそく》を百本立てておき、一話終わるごとに蠟燭を一本消し、百話を終えると怪異があらわれたという。狂歌師仲間の間では、『百物語』にちなんで夜に集まり、狂歌を詠むことが大流行したといわれている。

大ヒットした狂歌書

重三郎は狂歌の会に参加したり、主宰したりして、狂歌師はもちろんのこと、戯作者、絵師、武士など多くの名士と交流し、企画立案に勤《いそ》しんだ。とりわけ重要だったのは狂歌師であり、挿絵を描く絵師だっただろう。重三郎は彼らと信頼関係を築くべく、最大限の注意を払ったに違いない。狂歌書を刊行する版元はほかにいくらでもあったので、重三郎は蔦屋を選んでもらうべく、努力したことであろう。それは、単なる仕事仲間としてのドライな関係ではなく、さらに踏み込んだ関係だったに違いない。

こうした努力が実って、天明三年（一七八三）三月に蔦屋から『浜のきさご』が刊行された。編集したのは狂歌師の元木網で、赤良と朱楽菅江が序文を執筆した。同書は、狂歌の初学者向けに書かれた入門書のようなものである。判型は袖珍本《しゅうちんぼん》という小型のもので、持ち運ぶのに便利だった。しかし、あくまで入門書という性格もあり、大ヒットというわけにはいかなかったようだ。

翌天明四年（一七八四）七月、蔦屋は『いたみ諸白《もろはく》』を刊行した。同書は、吉原大門口の酒屋の奥田屋の息子で、狂歌師の大門喜和成《おおもんのきわなり》の初盆に刊行された追善狂歌集である。重三郎自身も蔦唐丸の筆名で狂歌を寄せ、大門喜和成の母と妻の歌も載っている。『いたみ諸白』の編纂には、浮世絵師の喜多川歌麿も深くかかわっていた。おそらく、重三郎は吉原という地縁のつながりで、大門喜和成との親交を深めていたのだろう。ほかにも『老莱子《ろうらいし》』という狂歌書を刊行したが、ともに大ヒットには至らなかった。

蔦屋の努力が実ったのは、天明五年（一七八五）のことだった。この年、蔦屋は菅江が撰した『故混馬鹿集《ここんばかしゅう》』（タイトルは、『古今和歌集』をもじったもの。『狂言鶯蛙集《おうあ》』とも）を刊行し、これが大いに売れたのである。同書は二十巻二冊から成り、菅江が仮名序を、赤良が真名序をそれぞれ執筆した（仮名は平仮名、真名は漢字）。体裁は『古今和歌集』にならい、千百余の狂歌を四季など二十に分類し収録した。菅江、赤良のほかに、赤良のライバル橘洲の狂歌も収めたのである。

同書は、のちに蔦屋から刊行された『狂歌才蔵集』とともに、天明狂歌の五大選集（ほかに『狂歌若葉集』、『万載狂歌集』、『徳和歌後万載集』）の一つに数えられた。さらに、天明六年（一七八六）に成った『狂歌評判　俳優風』の刊行には、大きな意味があったとされる。その点について、もう少し考えてみよう。

先にも取り上げたが、狂歌の世界においては赤良が主導権を握り、ライバルの橘洲は後塵を拝することになった。しかし、『狂歌評判　俳優風』の編者を務めたのは、赤良、菅江に加え、橘洲が名を連ねていた。天明五年に蔦屋から刊行された『夷歌百鬼夜狂』にも、赤良と橘洲が参画している。重三郎は狂歌界の「顔」でもあったので、恐らく二人の和解を取り持ったのではないかと指摘されている。

狂歌絵本の成功

狂歌書の販売で大成功を収めた重三郎だったが、安穏《あんのん》としていられなかった。現代社会でも同じだが、人々が「飽きる」のは極めて早い。次々と新しい観点から企画を立案し、ヒット作を飛ばさねばならなかった。そこで、重三郎の頭に浮かんだのは、狂歌師と浮世絵師のコラボレーションである。

そのアイデアというのは、決してオリジナルなものではない。明和七年（一七七〇）に刊行された、浮世絵師の鈴木春信の作品『絵本青楼美人合』が大きなヒントになったようだ。同書は、吉原の遊女一六六名を四季風俗に沿って、一葉に一名ずつ描いた作品である。美濃本五冊の豪華本だった。美濃本とは、縦九寸（約二七・九㎝）、横一尺三寸五分（約四一・五㎝）の大きさの本である。同書は絵本の最高傑作として知られ、春信の最晩年の作品として評価されている。

重三郎が刊行しようと考えたのは、狂歌絵本だった。それは、狂歌に挿絵を添えたものである。企画を成功に導くには、浮世絵師の協力が不可欠だった。そこで、重三郎が目を付けたのは、当時はまだ青年浮世絵師に過ぎなかった、北尾政演《まさのぶ》（山東京伝。宝暦十一年／一七六一～文化十三年／一八一六）と喜多川歌麿（宝暦三年／一七五三～文化三年／一八〇六）の二人だった。

浮世絵師の政演は、北尾重政から浮世絵を学び、一方で戯作者の山東京伝としても活動していた。歌麿については、章を改めて詳述するが、独自の美人画で非常に有名な浮世絵師である。当時、二人は新進気鋭の若手浮世絵師だったが、重三郎に登用されることにより、一躍名を馳《は》せたのである。

天明六年（一七八六）正月、蔦屋は『絵本八十《やそ》宇治川』、『絵本吾妻《あずま》抉《からげ》』（以上、北尾重政画）、『江戸《えど》爵《すずめ》』（喜多川歌麿画）という三冊の狂歌絵本を刊行した。『絵本吾妻抉』と『江戸爵』は、江戸の名所を描いた案内書である。中でも『江戸爵』は、四季折々の風景と人々の表情や仕草を生き生きと描き、細部も丁寧に表現された作品であるが、いまだ北尾重政の影響から脱し切れていないという評価もある。

同年に刊行された『吾妻曲狂《あずまぶりきょうか》歌文庫《ぶんこ》』は、蔦屋の狂歌絵本の初ヒット作になった。同書は、江戸時代後期の著名な五十人の狂歌師の肖像画を描き、そこに狂歌を添えた絵本である。肖像画を担当したのは北尾政演（山東京伝）で、王朝歌人風に狂歌師を描いている。狂歌の撰者は、宿屋飯盛（石川雅望）である。各丁（頁）の上には狂歌が書かれ、その下にカラーで肖像画が描かれた。絵の高い芸術性と若々しい筆致は、多くの狂歌ファンを魅了したという。

『吾妻曲狂歌文庫』は多くの読者を得て、すぐに版を重ねた。翌年、狂歌絵本の成功に手応えを感じていた重三郎は、『吾妻曲狂歌文庫』と同じような体裁で、『天明新鐫《てんめいしんせん》百人一首古今狂歌袋』を刊行した。同書は『百人一首』をもじったもので、『吾妻曲狂歌文庫』に収録した人数の五十人を超えて、百人の狂歌作者の狂歌と肖像を収めた。同書も大ヒットし、すぐさま版を重ねたのである。

先述のとおり、狂歌絵本の成功は、重三郎が計算ずくで行ったものである。最初に狂歌ありきではなく、まず絵が先だった。その後、描かれた絵をもとにして、重三郎は狂歌師に作歌を依頼したのである。狂歌絵本は重三郎が主導権を握り、独自の観点から制作されたものだった。重三郎が刊行した狂歌書の大ヒットにより、さらに狂歌人口が増加したのはいうまでもない。

そうなると、狂歌師の中には金を払ってでも、自分の作品を美しい狂歌絵本に載せたいという人々が出てきた。重三郎はそうした狂歌師に出資を募り、それを元手にして狂歌絵本を出版し、軌道に乗せたのである。現代でいえば自費出版のようなもので、重三郎にとっては元手を必要としなかったのだから、うまい商売だったといえよう。

第三章 黄表紙と出版統制

黄表紙の時代

蔦屋は狂歌書や狂歌絵本で大ヒットを飛ばしたが、当時、大流行した大人向けの読み物の黄表紙の存在を忘れてはならないだろう。

おおむね天明年間を迎えるまでは、ここまで何度も登場した朋誠堂喜三二、恋川春町といった面々が黄表紙の戯作者として大活躍した。しかし、天明年間初期の段階においては、山東京伝、四方山人《よものさんじん》（大田南畝）といったニュー・フェイスが登場し、黄表紙界はにわかに活況を呈したのである。むろん、これは蔦屋をはじめとする版元にとっても大きな商機となった。

出版の成功のカギを握ったのは、戯作者とその作品の良し悪しにあったのは当然のことである。それは現在と同じことで、いかに売れっ子の戯作者を囲い込むかが大きな焦点になった。たとえば、安永九年（一七八〇）から天明四年（一七八四）の五年にわたって、版元の鶴屋は京伝の作品を独占的に販売していた。その後、重三郎は京伝に猛プッシュして獲得競争に参入し、ほかの版元も京伝の作品を刊行すべく、激しい鍔迫《つばぜ》り合いを演じたのである。それは、ほかの人気作家に対しても同じだった。

蔦屋が獲得競争に勝利し、京伝の作品をほぼ独占できたのには大きな理由があった。当時、戯作は趣味のようなもので、版元が著者に原稿料を払う習慣が確立していなかった。詳細は後述するが、蔦屋は寛政三年（一七九一）に京伝が洒落本三部を刊行する際、原稿料として内金を払っていた。もはや京伝は職業作家であり、とても趣味とはいえなくなっていた。したがって、蔦屋が京伝に執筆を依頼する際には、当然ながら対価としての原稿料を払ったということになろう。こうして蔦屋は、京伝の囲い込みに成功したのである。

京伝は煙草屋を開店するため、資金の調達が必要になった。そこで、蔦屋と鶴屋は、寛政四年（一七九二）五月に両国柳橋（東京都台東区）万八楼《まんぱちろう》で催された書画会に資金援助し、それを開店資金に充てるようにした。蔦屋も鶴屋も単にビジネス上のドライな関係に止まらず、全面的な支援でもって、京伝との信頼関係を築いたといえよう。それが、作品の獲得につながったのである。

重三郎のさまざまな支援

重三郎は、新しい才能がある人を見つけると、積極的に惜しみなく経済的支援を行ったといわれている。岩本活東子《かっとうし》の『戯作者小伝』には、重三郎と戯作者との関係を次のように記している（現代語訳）。

重三郎には、すこぶる侠気《きょうき》（弱い者を助けようとする気持ち）があった。それゆえ、文才のある者が若気の至りで放蕩《ほうとう》しても援助し、また食客として金銭を与えることを厭わなかった。重三郎のおかげで身を立て、名を成した人は大勢いる。大田南畝、喜多川歌麿、滝沢馬琴などがそうである。

重三郎は戯作者のパトロンだったのである。しかも、そうした人々と親交をさらに深めるため、吉原を活用したといわれている。吉原は遊女との遊びの場だったが、一方でサロン的な接待の場としても活用された。先に、蔦屋の経済的な支援を取り上げたが、彼ら戯作者を積極的に遊びに連れ出し、それを芸の肥《こ》やしにさせることも、重三郎の仕事だったのかもしれない。

戯作者でも浮世絵師でも、重三郎は食えないときの大恩人だった。そんな大恩人から仕事の依頼があれば、ほかの版元を差し置いてでも受けたに違いない。そして、作品作りにいつも以上に力が入ったのは、もちろんいうまでもないだろう。それこそが、蔦屋の成功の秘密だったのかもしれない。

重三郎のプロデュース能力の高さは、ここまで随所に見てきた。売れ筋を探り当てる嗅覚には、天才的なものがあったといえよう。では、黄表紙を企画した際、蔦屋と戯作者のどちらが主導権を握っていたのだろうか。これには定説がないものの、基本的には蔦屋の意向に沿って、戯作者が作品を書いたと考えられる。その作品をもとにして互いに議論し、より良いものにブラッシュアップしたのではないだろうか。いずれにしても、共同作業だったと推測される。

蔦屋が刊行する黄表紙が世の人に受け入れられた理由は、それが優れた作品だったからである。戯作者などとして、多彩な才能を発揮した式亭三馬は、天明三年（一七八三）に刊行された奈蒔野馬乎人《なまけのばかひと》『啌多雁取帳《うそしっかりがんとりちょう》』（挿絵／喜多川歌麿）、その翌年に刊行された竹杖為《たけづえす》軽《がる》『従夫以来記《それからいらいき》』（挿絵／喜多川歌麿）を高く評価した。『啌多雁取帳』は、主人公の金十郎が雁の国に行くという、荒唐無稽な作品である。

天明五年（一七八五）、蔦屋は山東京伝『江戸《えど》生《うまれ》艶気樺焼《うわきのかばやき》』（挿絵／北尾政演）、芝全交《しばぜんこう》『大《だい》非千禄本《ひのせんろくぼん》』（挿絵／北尾政演）、唐来参和《とうらいさんな》『莫切自根金生木《きるなのねからかねのなるき》』（挿絵／喜多川千代女）という三作品を立て続けに刊行し、いずれも多くの読者を得た。もはや、黄表紙は蔦屋の作品をなくして語れなかった。そして、それらの作品は、京伝、全交、参和の代表作の一つになったのである。

唐来三和（延享元年／一七四四〜文化七年／一八一〇）は志水燕十《しみずえんじゅう》というペンネームを持ち、そもそもは鈴木庄之助という幕臣だったという（諸説あり）。しかし、庄之助は仕事で失敗したのか、あるいは遊びが過ぎたという理由で職を失い、放浪生活を送っていた。その後、重三郎と親しくなり、義兄弟の契りを結んだのである。庄之助は絵師の鳥山石燕《とりやませきえん》の弟子で、石燕は喜多川歌麿の師匠でもあった。歌麿は重三郎と親交があったので、そうした交友関係が重三郎と庄之助を結びつけたのかもしれない。

庄之助は重三郎の紹介によって、本所松井町（東京都墨田区）にある遊女屋の和泉屋の婿になったのである。いかに幕府から召し放たれたとはいえ、庄之助は武士だった。さぞかし恥ずかしいと思っているに違いないと周囲の者は考えたが、本人はまったく気にせず、作家活動に励んでいたと伝わっている。

三作品の内容

せっかくなので、山東京伝『江戸生艶気樺焼』、芝全交『大非千禄本』、唐来参和『莫切自根金生木』の内容に触れておこう。

『江戸生艶気樺焼』は、仇気屋の一人息子の艶二郎が主人公である。艶二郎は醜男《ぶおとこ》なのに自惚《うぬぼ》れが強く、悪友の道楽息子の北里喜之介、太鼓医者の輪留井志庵《わるいしあん》に唆《そそのか》され、金に物を言わせて浮名を立てようと試みた。芸者に金を渡して家に駆け込みをさせたり、吉原の遊女を身受けして駆落ちしたりするが、その目論《もくろ》見《み》はすべて失敗した。

それは、父と番頭が艶二郎を諫《いさ》めるために仕組んだもので、以後、艶二郎は改心したという。艶二郎の滑稽さと江戸庶民が生き生きと描かれており、大ヒットしたのである。艶二郎という名前は自惚れ男の代名詞になり、その滑稽な団子鼻は「京伝鼻」と呼ばれて評判になったという。

『大非千禄本』は、千手観音が不景気のため、千本の手を代金と引き換えに貸す話である。手を必要とする薩摩守忠度《ただのり》、茨木童子、手（手練手管《てれんてくだ》）の無い女郎、無筆《むひつ》などが手を借りに来るが、さまざまな手違いで思いがけない

『江戸生艶気樺焼』東京都立図書館所蔵

事が起こった。最後の場面では、坂上田村麻呂が鈴鹿山の鬼神退治をすべく千手観音の助力を得て、謡曲のとおりに戦うため、千本の手を借り集めて出陣し、賊を退治する話で締めくくる。

崇高な神仏を卑俗化し、珍商売を開業するという奇想天外な発想の中に、伝説や謡曲、世相風俗などを巧みに持ち込み、それを戯画化したのが作品の面白さである。しかも、意外な着想と洒落たこじつけが絶妙だったので、数ある黄表紙の中でも高く評価されている作品だ。

『莫切自根金生木』は、大金持ちすぎて苦労の絶えない金満家の「萬々」が主人公である。「萬々」は貧乏になるべく、金貸し・傾城（遊女）買・博打・富札（宝くじ）・物見遊山などで懸命に金銭を浪費するが、すべて失敗に終わってしまう。逆に、「萬々」の意図に反して金が増え過ぎたので、ついに蔵のすべての金銀を海へ捨てさせた。

最終的に捨てた金が空を飛び、最後に「萬々」の蔵に集まってしまったので、自分の居場所すらもなくなってしまうという滑稽な話である。お金に関する世相、人間の留まるところを知らない欲望を明るく描いたことがウケた。題名の「きるなのねからかねのなるき」は、逆からも同じに読める回文になっている。挿絵を描いた喜多川千代女（生没年不詳）は、喜多川歌麿の門人あるいは妻といわれる女性である。

暗い世相のはじまり

黄表紙がウケた時代は、政治、経済、社会の観点から見ると、暗い時代の幕開けでもあった。ところが、このような苦境の中でも、重三郎ら出版人は活躍の場を求めた。冒頭で重三郎が生きた時代を概観したが、田沼意次の時代に絞って、もう少し詳しく確認することにしよう。

安永元年（一七七二）、老中に就任した意次は、次々と政治改革を断行した。意次は西宮（兵庫県西宮市）・兵庫（兵庫県神戸市）などの収公《しゅうこう》、信州中馬《ちゅうま》裁許《さいきょ》、過米切手《かまいきって》売買禁止、大坂御用金賦課、株仲間の公認などを実行し、経済の立て直しで一定の成果を得た。一方で、印旛沼《いんばぬま》・手賀沼《てがぬま》（千葉県印西市）の干拓、蝦夷地の開発と交易、吉野金峰山《きんぷさん》（奈良県吉野町）の鉱山開発、御貸付会所の設置といった政策は、まったく効果がなく失敗

「松平定信像」福島県立博物館所蔵

に終わったのである。

天明三年（一七八三）四月から七月の四ヶ月にわたって、浅間山の大噴火が起こった（天明大噴火）。噴煙により、関東各地に大量の火山灰や軽石が降り注ぎ、洪水や大泥流が発生するなどしたので、村々はかつてない甚大な被害を受けた。火山灰は空を覆いつくし、太陽光線が遮断された。これにより天明の大飢饉が発生し、多くの人々が苦しむことになったのである。

天明の飢饉は、東北・関東方面に著しい被害を与え、農作物の収穫が激減した。飢饉により米価は高騰し、人々は雑穀どころか雑草の類すらも口にできなくなったという。その結果、病人はもとより、餓死者、行き倒れする者が続出し、ついには人肉すら口にする惨劇もあった。一説によると、餓死者は数万から十数万人に及んだとされ、各地で一揆や打ち毀しが続出したのである。その影響は、数年にも及んだ。

ときは老中の田沼意次の時代であり、賄賂や情実人事が横行するなどしたので、諸大名や庶民は批判的だった。重商政策により、都市部は大いに潤ったが、農村は著しく荒廃し、そこに噴火や飢饉が襲ったのである。その結果、困窮した農民は田畠を捨て、都市へ流入した。天明四年（一七八四）三月、意次の嫡男で若年寄の意知《おきとも》が佐野政言《まさこと》に暗殺された。政言が暗殺に及んだ理由は諸説あるが、この事件により、意次の政治的な影響力は大きく低下したのである。

翌年以降、物価が高騰し、人々の経済的な困窮が深刻な状況になった。そのような状況下において、天明六年（一七八六）九月に将軍の徳川家治が亡くなったのである（後継の将軍は家斉）。その一ヶ月前、意次は老中の職を更迭されていた。同年閏十月、意次は家治から加増された二万石を没収されると、さらに江戸屋敷の明け渡しを求められ、大坂の蔵屋敷の財産も没収された。失意のうちに遠江相良（静岡県牧之原市）に戻った意次は、二年後の七月に病没したのである。

天明の噴火と大飢饉に伴う打ち毀しや一揆は、なかなか止むことがなく、翌天明七年（一七八七）五月には、大規模な打ち毀しが江戸で勃発した。その直後、御側御用取次（将軍の側近）の本郷泰行、田沼意致《おきむね》、横田準松《のりとし》といった田沼派の面々が職を解かれた。これによって、田沼派は幕政から一掃されたのである。

意次失脚後の天明七年（一七八七）六月、老中首座となったのが、白河藩主だった松平定信である。定信は困窮した農民を救済するとともに、藩の財政支出を抑え、倹約令を発した。定信は意次の政策に批判的でもあり、満を持しての登場だった。定信が断行したのが寛政の改革であるが、こちらについては改めて取り上げることにしよう。

政治を風刺した作品

噴火、飢饉、一揆、打ち毀しで世上の不安は高まったが、重三郎は快進撃を続けた。先述のとおり、田沼政治は世間から猛批判を受けたので、意次や定信の政治手腕を批判する作品を世に出すことで、人々から支持されたのである。

天明八年（一七八八）正月、朋誠堂喜三二の黄表紙『文武《ぶんぶ》二《に》道万石通《どうまんごくどおし》』（挿絵／喜多川行麿）が蔦屋から刊行された。同書が販売されると、前代未聞の売れ行きを示し、我も我もと購入希望者が殺到したという。あまりのことに製本が追いつかず、摺本《すりほん》のまま運搬しても、途中で購入を希望する者が続出したので、綴《と》じ紐を添えて売ったというエピソードがあるほどだった。これほど同書が売れたのは、政治に対する風刺が効いており、それが人々の心を捉えたからだった。

『文武二道万石通』はたびたび登場した喜三二の作品で、挿絵を描いた喜多川行麿（生没年不詳）は、喜多川歌麿の弟子といわれている。喜三二は秋田藩の定府藩士で江戸留守居を務めていたので、仕事柄、幕府の政治事情に詳しかった。まさしく作者として、うってつけだったのである。

タイトルの『文武二道万石通』は、なかなか意味深である。「文武二道」とは意次の失脚後、老中首座に就いた松平定信の政策を意味していた。天明七年（一七八七）六月、定信は武士に武芸と学問に精進するよう命じ、それを確認すべく大名の行状調査を行ったほどだった。「万石通」とは、籾摺り後の玄米と籾を選別する農具のことである。当時、一万石以上の所領を持つ者が大名で、一万石未満の者は旗本と称されていた。「万石通」は、そうした分類に引っ掛けたものといえよう。

老中首座になった定信は、隠し目付を江戸市中に送り込み、特に吉原で遊女と戯れている武士の調査を行った。隠し目付が旗本の素行の悪さを指摘したところ、逆に賄賂を贈られて買収されることがあった。定信はそういうこともあると予想し、隠し目付に隠し目付を見張らせることで、買収された隠し目付を捕らえたのである。『文武二道万石通』は、そうした現状を素材とした作品である。

『文武二道万石通』の世界

同書のストーリーは、おおむね以下のとおりである。源頼朝が畠山重忠に対して、鎌倉の武士たちを富士の人穴《ひとあな》（富士山の噴火でできた溶岩洞穴）に入らせるよう命じた。そこで、文や武に通じた武士のほか、ぬらくら武士（文や武に通じていないだらしない武士）を選別し、これを箱根七湯（神奈川県箱根町）で晒《さら》したのである。それは、来るべき戦の世を案じてのことだった。そして、ぬらくら武士を文（学問）あるいは武（武芸）に通じさせようとすべく、その怠惰な態度を懲《こ》らしめようとしたのである。

もう少し詳しくストーリーに触れておこう。三人のぬらくらは、遊女を目当てにして外に出たが、追剝《おいはぎ》（強盗）の被害に遭った。追剝は重忠の配下の者が扮したもので、ぬらくらを試してみたのである。その後、ぬらくらは箱根、大磯（神奈川県大磯町）で遊び、借金も作ったが、最終的に重忠が尻拭《しりぬぐ》いをして事なきを得た。その後、ぬらくらは頼朝と重忠から武芸に精進するよう、諭されて物語は終わる。

登場人物は、練りに練られたキャラクターである。主人公の源頼朝はまだ少年で、これは家治の死後、十五歳で将軍に就任した家斉のことを意味していた。一方、頼朝配下の畠山重忠は梅鉢紋の裃《かみしも》を着用しており、それは梅鉢紋を使用していた定信を意味していた。つまり、頼朝と重忠の関係は、そのまま家斉と定信の関係を意味していたことになる。また、重忠の相談相手の本田二郎は、若年寄の本多忠籌《ただかず》を指している。登場人物は、実在の人物に仮託したものだった。

ぬらくら武士が箱根七湯に来る場面の挿絵には、「田」、「松」、「伊」、「三」の紋が描かれている。これは、失脚した意次のほか、その一派である松本、井伊、三枝といった側近であることを暗示させた。読者は想像を巡らし、作中の人物が誰であるかを知ると、大いに喜んだのである。しかし、いかに政治風刺とはいえ、作品の過激さが幕府の逆鱗《げきりん》に触れる可能性が大いにあった。

この話は、定信が武士に学問や武芸を奨励し、それをわざわざ調査させたことを風刺したものである。定信は、碁、将棋、双六、蹴鞠《けまり》、楊弓、飼鳥《かいどり》、浄瑠璃、三味線、芝居物真似、俳諧をことごとく否定した(『燈前漫筆《とうぜんまんぴつ》』)。登場するぬらくら武士の体たらくは、あまりに滑稽で人々を爆笑の渦に引き込んだ。定信の武士への文武奨励策を皮肉たっぷりに批判したくだりは、人々が不満を抱く幕政に対する溜飲を下げた。喜三二の書きっぷりも素晴らしかったが、行麿の挿絵も大好評だったという。

発禁となった『悦贔屓蝦夷押領』

それは同時発売された、恋川春町の黄表紙『悦《よろこんぶ》贔屓蝦夷押領《ひいきのえぞおし》』(挿絵/北尾政美)も同じことで、『文武二道万石通』に劣らない大ヒット作になった。以下、話の概要を紹介しておこう。

話の主人公は、源義経である。義経は兄の頼朝と不和になり、逃亡して蝦夷地（北海道）に渡った。蝦夷地では、司馬団観らと滑稽な商取引を行い、高価とされる昆布や各種特産品を入手し、頼朝の本拠の鎌倉（神奈川県鎌倉市）に凱旋《がいせん》したのである。もちろん、実際には頼朝が奥州平泉（岩手県平泉町）に軍勢を送り、義経を討ち取ったのだから史実ではない。当時、義経が生き延びて蝦夷地に逃れたという説が流布していたので、その伝承をヒントにして創作されたと考えられる。

むろん、この話にも読者を喜ばせる仕掛けがあった。意次は在職中、蝦夷地の開発に力を入れていた。これは、勘定奉行の松本秀持《ひでもち》の発案によるもので、蝦夷地の金銀銅山を開発し、ロシアに金銀銅を輸出しようとする事業計画だった。天明五年（一七八五）、調査隊が蝦夷地に向かい、翌年には調査報告がなされた。結論を言えば、蝦夷地の金銀銅山の開発は中止となり、ロシアとの交易も断念した。検討した結果、思ったほどの効果が期待できないと判断されたからである。

同書のおもしろさは、田沼政治の特徴である賄賂政治（特権商人からの冥加金、運上金）の実態を暴き揶揄《やゆ》したところにあり、人々は溜飲を下げたのである。

人々がこの二作品が政治風刺であることを理解していたのだから、当然、幕府にも情報は筒抜けだった。ここで重三郎は、一計を案じて対策を行った。

『文武二道万石通』の最初に出た版は、まったくそのままだったが、以降の版は内容を改変して刊行した。幕府に非難されるような危ない場面を修正し、意次の失脚後、定信が登場したことを歓迎するような内容にして工夫を凝らした。とはいえ、作品のおもしろさは幕府政治への批判にあるのだから、その魅力はすっかりダウンしたといえるだろう。重三郎の工夫にもかかわらず、やがて改変した『文武二道万石通』の出版ですら、幕府からクレームが付くような状態に陥ったのである。

寛政の改革の骨子

以上の点については、松平定信が推し進めた寛政の改革の説明が必要だろう。

天明の飢饉、田沼意次の政治によって、農村がすっかり疲弊し、社会不安が増大したのは先述のとおりである。意次は更迭され、代わりに老中首座に就いたのが松平定信（宝暦八年／一七五八～文政十二年／一八二九）である。定信は田安宗武の子で、徳川吉宗の孫でもあった。幼い頃から儒者の大塚孝綽《たかやす》に師事し、十二歳のときには『自教鑑《じきょうかん》』という修身書を執筆するほどの秀才だった。

定信は大飢饉に伴う農村の荒廃、一揆・打ち毀しの激化、幕府の財政危機、ロシア問題などを克服すべく、寛政の改革の断行を決意した。

その最大の骨子は、すっかり荒廃した農村の復興だった。都市に流入した農民を農村に返し（人返し）、出稼ぎも厳しく制限したうえで、農民が土地から移動することを規制した。また、凶作や災害に備えて、都市や農村では金銭や米を貯蓄するようになった（備荒貯蓄政策）。飢饉への対応策としては、大名、旗本に対し一万石につき五十石の囲籾《かこいもみ》（籾米の備蓄）が命じられたのである。幕府領には、貯穀《ちょこく》の郷蔵《ごうぐら》（穀物倉庫）を設置することとし、いざというときの備えとした。

このほか、旗本、御家人を窮乏から救うため棄捐令《きえんれい》（債権を破棄または軽減）を実施し、株仲間が利益を独占することを制限した。さらに町入用《ちょういりよう》を減らしたうえで、町会所では減額した七十％を積み立てることとし、困窮した人々や飢饉・災害に備えた。そのほか多くの経費を切り詰めるなど、幕府財政の徹底した倹約を行ったのである。

定信は緊縮財政を行う一方で、田沼時代に蔓延《はびこ》った奢侈《しゃし》を禁止することで、物価の高騰を抑えようとした。天明七年（一七八七）八月、大名と旗本は三年にわたる倹約を命じられ、さらに贅沢品を禁止する町触《まちぶれ》も発布された。その一方で、武士に対しては文武における鍛錬を奨励し、学問や武芸で優秀な人材を登用する方針を明確にしたのである。誠に厳しい政策だったといえよう。

こうして定信は、さまざまな改革を打ち出すことにより、幕府財政の回復や都市や農村の復興を促そうとした。そして、寛政の改革のもう一つの目玉は、出版への統制だったのである。

出版への統制

定信の文教政策では、寛政異学の禁を実行し、朱子学以外の学問の講義を禁止した。同時に行われたのが、寛政二年（一七九〇）五月の出版統制令である。

実は、享保七年（一七二二）にも出版に関する規制がなされていた。それらの項目を挙げておこう。

①本を書く際、異説を交えて書いてはならない。

②風俗上の問題もあるので、好色本は絶版とする。
③他人の先祖や家系について誤ったことを書くことを禁止する。
④書物を刊行する際は、作者と版元名を明記すること。
⑤徳川家康をはじめ徳川将軍家のことを書いてはならない。

この規定に違反する者を見つけたときは奉行所に訴えることとし、版元に厳罰を科すことになった。こうした違反を防ぐため、版元は仲間同士できちんと審議し、違反者が出ないよう求められた。同時に、書物問屋は仲間という同業者組合の結成を促され、さらに仲間行事（行事は世話人）による検閲を義務付けられた。その際、地本問屋も仲間が組織されたと考えられているが、検閲は有名無実だったといわれている。

寛政二年（一七九〇）の出版統制令の内容は八項目にわたり、その骨子は享保七年（一七二二）の法令に準拠している。

まず、新しい書物を刊行するのは無用であり、必要な場合は事前に申請する許可制となった。また、時事問題を一枚絵にして刊行すること、いいかげんな虚説を交えた書物の刊行が禁じられた。昔の出来事に託して、幕府政治を批判することのほか、高価な出版物の刊行も禁止されたのである。さらに、作者や版元の名は必ず明記することになり、好色本の刊行は禁止された。これまで、草双紙（子供向けの絵入りの書物）は規制の対象外だったが、新たに加えられたのである。

重要なことは、新刊を刊行する際、書物問屋が相互に吟味する取り決めであろう。はっきりと言えば、検閲である。吟味する役は、行事改と称された。書物問屋が本を刊行する際、おおむね次の手順で進められることとなった。

出版を希望する版元は、出版許可願と稿本（下書き、草稿）を本屋仲間行事に提出した（行事改）。本屋仲間とは、先述した書物問屋の同業者組合のことで、行事は世話人のことを意味する。行事は二名だった。本屋仲間行事は、取り決めに違反していないか、またほかの版元から刊行された本と内容が酷似していないかなどをチェックする。その後、本屋仲間行事は稿本と願書を町年寄に提出し、最終的に町奉行所から許可を受け、本の刊行の運びとなったのである。

仲間の結成により、新規参入を防ぐことができたので、これまでの版元にはメリットもあった。しかし、出版物の検閲はある意味で自殺行為であり、結果として戯作者や版元は大打撃を受けたのである。

幕府による弾圧

いかに風刺とはいえ、黄表紙で嘲笑された幕府や関係者の面々はおもしろくなかったに違いない。幕府は、本格的な出版統制に乗り出すことになった。

『文武二道万石通』は大ヒットしたが、秋田藩に仕えていた喜三二の立場は危うくなっていた。それは、喜三二の職務を考えると当然のことだろう。喜三二は秋田藩主の佐竹義和《よしまさ》から国許に呼び戻されたこともあり、そのまま戯作の世界を引退したのである。喜三二が留守居として江戸にいる以上、幕府から目を付けられるのは決して好ましいことではなかった。以後、喜三二は狂歌に方向転換し、作品作りに励んだ。喜三二が亡くなったのは、文化十年（一八一三）のことである。

幕府による弾圧は、恋川春町にも及んだ。

寛政元年（一七八九）、春町は黄表紙『鸚鵡《おうむ》返《がえし》文武二道《ぶんぶのふたみち》』を刊行した。以下、内容を簡単に説明しよう。延喜年間（九〇一～九二三）、醍醐天皇は人々が派手な生活をしているのを嘆き、自ら質素な生活を送っていた。当時、朝廷には人材が不足していたので、菅秀才《かんしゅうさい》は歴史上の人物を登用することで、難局を乗り切ろうとした。そこで、源義経、源為朝、小栗判官に武芸の指導を命じたが、人々が武勇を必要以上に競い合い、京都市中が大騒動になったのである。

そこで、醍醐天皇は学問を奨励するよう、秀才に命じた。秀才は大江匡房《まさふさ》に「九官鳥《きゅうかんちょう》のことば」を学校で講義するよう命じると、人々は「天下を治めるのは、凧揚げのようなものだ」という一節を勘違いし、凧揚げをするようになった。すると、鳳凰が凧を友達と勘違いしてあらわれるという、荒唐無稽な話である。この話は、松平定信『鸚武言《おうむのことば》』を風刺したものである。

この話が単なる創作でないのは、いうまでもないだろう。醍醐天皇は徳川家斉、菅秀才は松平定信、大江匡房は柴野《しばの》栗山《りつざん》のことを指しているのだ。天明八年（一七八八）、栗山は昌平黌（昌平坂学問所）の教官となり、朱子学を中心に据えた学制改革を推し進めた。さらに、松平定信に献言し、寛政異学の禁を実施したことでも知られている。また、人材不足というのは、田沼意次の失脚により、田沼一派が幕政から一掃されたことを意味している。つまり、この作品は田沼意次の失脚後、定信が敢行した寛政の改革を揶揄したものなのである。

寛政元年（一七八九）、春町は定信から出頭を命じられたが、病気と称して召喚に応じなかった。同年四月、春町は隠居すると、その年の七月に亡くなったのである。一説によると、自殺したともいわれている。いかに春町が政治風刺を得意としたとはいえ、幕府の呼び出しを恐れたのはたしかである。

同年には、幕府御用達商人で、戯作者の石部《いしべ》琴好《きんこう》（生没年不詳）の黄表紙『黒白《こくびゃく》水鏡《みずかがみ》』が刊行された。同書の内容は、先述した佐野政言が田沼意知を殺害した事件を風刺したものである。同書は幕府から絶版という措置がなされ、著者の琴好は数日間手鎖《てぐさり》の刑（鉄製の手錠をかけ、自宅で謹慎させる刑）に処せられたあと、江戸払いという極めて厳しい処分が科された。以後の琴好の消息は、まったくの不明である。このとき挿絵を描いた山東京伝こと、北尾政演も罰金刑を科せられたのである。

摘発された『天下一面鏡梅鉢』と『黒白水鏡』

このように、黄表紙を執筆する戯作者、版元には幕府の監視の目が光っていた。処分はされなかったものの、寛政元年（一七八九）に刊行された、唐来参和の黄表紙『天下《てんか》一面《いちめん》鏡《かがみの》梅鉢《うめばち》』（挿絵／栄松《えいしょう》斎長喜《さいちょうき》）も際どい作品だった。

同書に登場するのは菅原道真で、善政を行ったことにより、世の中は物心両面にわたって豊かになるというストーリーである。この作品では、火山灰の代わりに小判が降ってきたり、米が大豊作になったりしたので、年貢を翌年分まで前納したりするなど、ありえないことが起こっている。梅鉢紋の衣を着た菅原道真は、あきらかに松平定信を指しているのが問題になった。

いうまでもなく、現実の社会はこの逆であり、人々は飢えに苦しんでいた。定信は朱子学を学ぶよう奨励したが、そういうものは人々にとって無用だった。同書はそうした矛盾を鋭く突いたので、生活に苦しむ多くの人々に受け入れられたのである。重三郎は同書を刊行する際、幕府の監視の目を恐れ、あえて作者名、版元名を明記しなかった。しかし、幕府の追及は厳しく、ついに『天下一面鏡梅鉢』は絶版になったのである。

参和は絶版という処分を受けて、その後二年にわたって執筆を自粛した。仮に執筆しても、幕府を恐れて出版を引き受ける版元はなかっただろう。自粛後、『善悪邪正《ぜんあくじゃしょう》大勘定《おおかんじょう》』、『再会《めぐりあう》親子《おやこ》銭《ぜに》独楽《ごま》』を刊行したが、それ以後の作品は確認できない。

寛政の改革、中でも出版に対する弾圧は、戯作者、版元を窮地に追い込んだ。発禁処分となった書物は、いずれも大ヒットとなり、幕府はその影響力を無視できなかったのである。幕府は内容と売れ行きにより、処分を科すか否かを決めたのだろう。重三郎の発刊した黄表紙は、鋭い政治風刺が世間の人々に受けたものの、主力となる戯作者は厳しい追及を受け、断筆に追い込まれる始末だった。とはいえ、重三郎は決して諦めることなく、次の一手を考えていた。それこそが洒落本の刊行である。

洒落本は延享年間（一七四四～四八）から文政年間（一八一八～一八三〇）にかけて流行した形態の作品で、遊郭を舞台とした会話体の小説である。判型は持ち運びしやすい、小本または中本で、形が蒟蒻《こんにゃく》に似ていることから、蒟蒻本ともいわれた。あるいは、粋書《すいしょ》、通《つう》書《しょ》などとも称された。

重視されたのは、笑いの中に「通」という江戸の美意識だった。「通」とは、人情の機微に通じるということだけではなく、遊郭の遊びにも使用された観念で、遊び方の全般に通じていることを意味する。流行に敏感で服装が洗練されているほか、書画、骨董、俳諧、茶の湯、古典などの教養に精通していることが必要だった。上方における「粋」とほぼ同意である。寛政の改革以後、人情に傾斜した作品が次々と誕生し、それらは人情本と称せられた。

洒落本で名を馳せたのが、山東京伝なのである。

山東京伝の登場

山東京伝はここまでにも登場したが、それは挿絵を描く絵師の北尾政演としてであった。しかし、彼に文才があったことは、あまりに有名である。

京伝が岩瀬伝左衛門の子として、江戸深川木場（東京都江東区）に誕生したのは、宝暦十一年（一七六一）のことである。本名は岩瀬醒《さむる》、通称は京屋伝蔵。山東京伝の名は、紅葉山の東の京橋銀座一丁目（東京都中央区）に住む伝蔵という意味である。十代の頃には浮世絵師の北尾重政から絵を学び、北尾政演の名で活躍した。その後、黄表紙作家としてデビューを果たし、恋川春町、朋誠堂喜三二らとともに大人気の作家となった。版元は絵も優れ、筆が立つ京伝を放っておくはずがなかった。

安永七年（一七七八）、者張堂少通辺人の黄表紙『おは那半七　開帳利益札遊合《かいちょうりやくのめくりあい》』で京伝は挿絵を担当した。これが、デビュー作である。その二年後、京伝のペンネームで黄表紙『娘敵討古郷錦《むすめかたきうちこきょうのにしき》』、『米饅頭始《よねまんじゅうのはじまり》』を刊行し、大いに注目された。『米饅頭始』は、町人の幸吉が好きになった腰元の「およね」と駆け落ちし、その後の生活で大いに苦労する。最後は父親から金銭的な援助を受け、鶴屋という屋号の饅頭屋を待乳山《まっちやま》（東京都台東区）の麓に出すというストーリーである。

天明二年（一七八二）、京伝が『御存商売物《ごぞんじのしょうばいもの》』を刊行すると、大田南畝は黄表紙を評論した『岡目八目《おかめはちもく》』で「惣巻軸大上上吉《そうかんじくだいじょうじょうきち》」と大絶賛した。その三年後には黄表紙『江戸生艶気樺焼』を刊行し、京伝は戯作者としての地位を不動のものとしたのである。こうして京伝は、絵師としてよりも、戯作者としての実力が上回っていった。そのようなことで、蔦屋はライバルの鶴屋と激しい京伝の争奪戦を繰り広げたのである。

やがて、京伝は洒落本へと手を広げた。天明五年（一七八五）には『令子洞房《むすこべや》』（挿絵／北尾政演）、翌年には『客衆肝照子《きゃくしゅうきもかがみ》』（挿絵／北尾政演）、翌々年には『通言総籬《つうげんそうまがき》』（挿絵／山東鶏告）を次々と刊行したのである。北尾政演は京伝のことなので、一人で二役をこなしたことになる。八面六臂《はちめんろっぴ》の大活躍だった。

『令子洞房』は十二話で構成されており、客の遊興の心得、遊女の気持ちの見分け方、遊女の仕事や素生を解説したものである。『客衆肝照子』は絵と文により、吉原の遊郭の客や遊女などについて、話し方や身振りの特徴を詳しく紹介した作品である。ともに洒落本としては、白眉《はくび》のものと高く評価されている。

『通言総籬』では、先述した『江戸生艶気樺焼』に登場した艶二郎ら三人を再び登場させた。本作品の艶二郎は、以前のようなダメ男ではないが、女性からもてない男として描かれている。前半は三人の会話により、最新の社交界の話題や吉原などの遊郭について詳しく紹介が行われた。後半は、三人が妓楼「松田屋」（実在した「松葉屋」がモデル）に入り、そこで遊ぶ模様のほか、ほかの遊女と客が遊ぶ様子を詳しく描いたのである。

断筆を考えた京伝

京伝の登場により、すっかり出版界は活気づいたが、一方、寛政の改革による出版統制も進んでいた。天明末年以降、朋誠堂喜三二、恋川春町、唐来参和らの人気作家が相次いで筆を折った。黄表紙であれ洒落本であれ、幕府政治を揶揄《やゆ》するようなことがあれば、すぐさま出版中止になるのは目に見えていた。

京伝はすっかり人気作家になっていたが、この頃から生活に変化があらわれた。そもそも京伝は大変な遊び人で、若い頃は吉原通いを行っており、ほとんど家に帰らなかったという。それが作品に生かされたのは、いうまでもない。京伝は吉原の花魁を身受けして妻としたが、のちに死別した。寛政二年（一七九〇）二月、京伝は扇屋の遊女だった菊園と結婚した。二人の間を取り持ったのは、扇屋の主人・墨河である。

同じ頃、京伝は作家生活から足を洗おうと考えていた。というのも、石部琴好の黄表紙

『黒白水鏡』に挿絵を描いた京伝は、先述したように罰金を科せられていた。菊園との新生活がはじまったこともあり、京伝は断筆を決意したのである。しかし、京伝が引退して困るのは、あてにしていた重三郎だった。何とか京伝に断筆を思い止まらせる必要に迫られていたのである。

寛政三年（一七九一）、蔦屋は山東京伝の黄表紙『箱入娘《はこいりむすめ》面屋《めんや》人魚《にんぎょ》』（挿絵／歌川豊国）を刊行した。内容は、浦島太郎が龍宮で乙姫の男妾《おとこめかけ》となっており、魚のお鯉と浮気をして、その間に人面魚体の娘が誕生するという話だ。その後、娘は捨てられ、江戸の釣船屋の平次と同棲し、身売りして花魁となるがうまくいかない。ところが、人魚を舐《な》めると長寿になるということを教えられた。

平次は「寿命の薬、人魚御なめ所」を開業して大儲けし、娘と夫婦になろうとしたが、あまりに娘を舐めすぎたので、七歳の子供になってしまった。すると、浦島太郎が登場し、玉手箱を使って娘を程よい年齢に戻したのである。また、人魚だった娘の下半身の魚の部分が抜け、幸運なことに普通の女性になった。平次は抜け殻となった魚の部分も売ることで、大儲けしたのである。

肝心なことは、重三郎が同書で京伝に断筆の意思があったことを記し、翻意を促して受け入れられたことを述べたことである。それが「まじめなる口上」である。

「まじめなる口上」には、京伝が罰金刑を受けて恥じており、寛政三年（一七九一）で断筆することを重三郎に伝えたことが記されている。この話を聞いた重三郎は、京伝に長い付き合いなので、何とか作家生活を続けてほしいと頼み込むと、京伝はこれを受け入れ、作家活動を続けることになった。重三郎は出版統制で人気作家を次々と失ったので、決死の思いで京伝を説得した。しかし、京伝には、まったく思いがけない出来事が待っていたのである。

京伝の三部作

作家活動を続けることになった京伝は、重三郎の依頼もあって、洒落本『仕懸文庫《しかけぶんこ》』（挿絵／山東京伝）、『錦の

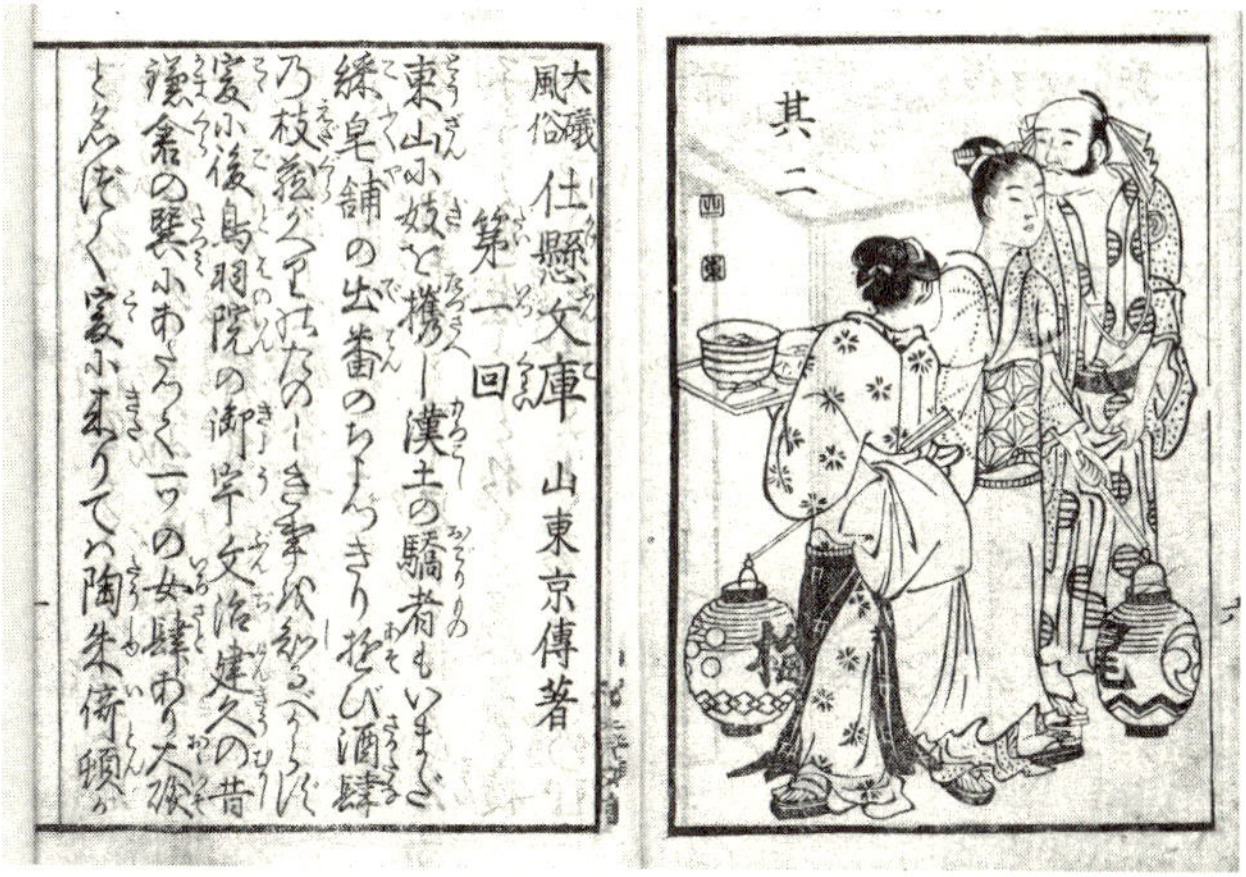

『大礒風俗仕懸文庫』東京都立図書館所蔵

裏』（挿絵／山東京伝）、『娼妓《しょうぎ》絹籭《きぬぶるい》』（挿絵／山東京伝）の三部作の執筆に取り掛かった。京伝は挿絵も担当することになり、フル回転で執筆、作画に励んだのである。
『仕懸文庫』の仕懸とは、江戸深川仲町（東京都江東区）の遊女の着物のことを意味する。文庫とは、箱のことである。内容は吉原のように幕府から認められた遊郭ではなく、岡場所の深川を描いた作品である。男女の恋を真剣に描いたこと、深川の風俗を詳細に描いた点に大きな特色があるが、そこには考え抜かれた工夫があった。

　その舞台は鎌倉・大磯（神奈川県鎌倉市大磯町）であり、曽我狂言（曽我兄弟の仇討ちを題材とした歌舞伎狂言）の登場人物が作品にあらわれている。あくまで深川が舞台であるが、言葉や習慣などが大磯に仮託したストーリーになっている。ストーリーは、『曽我物語』に準拠したものだった。『曽我物語』は鎌倉時代を舞台にした作品で、曽我兄弟が富士の巻狩りで父親の仇討ちをするまでを記した軍記物語である。出版統制から免《まぬか》れるため、包み袋には「教訓読本」と書かれた。

『錦の裏』も遊郭の話であるが、角書《つのがき》（二行の割書《わりがき》）に「青楼昼之世界《せいろうひるのせかい》」とあるように、遊郭の昼間の様子を取材した点が今までの作品とは異なっていた。時代は十一世紀初頭の後一条天皇在世の神崎（大阪市中央区）で、妓楼吉田屋が話の舞台である。そこでは、遊郭の内情のほか、遊女の生活が精緻に描かれている。出版統制による処分の対象とならないよう、夕霧伊左衛門のストーリー（『廓文章』。大坂の遊女・夕霧とその愛人の藤屋伊左衛門の話。歌舞伎。浄瑠璃）を挿入している。

『娼妓絹籭』は、大坂新町（大阪市西区）の遊女の梅川の見た夢が舞台であり、客の忠兵衛との行き詰まった関係が話の肝である。大坂新町が舞台のように思えるが、作品には箕輪（三ノ輪。東京都荒川区）という地名も出てくるので、実のところは遊郭がある吉原が舞台だった。このように京伝の三つの作品は、過去の話を持ち出しているが、実際は吉原や深川などの江戸の遊里が舞台になっていたのである。

京伝が原稿を完成させたのは、寛政二年（一七九〇）七月のことだった。原稿を受け取った重三郎は、原稿料の内金を京伝に支払うと、翌年一月の刊行に向けて編集作業に取り掛かったのである。その四ヶ月後、それまでの出版統制令をさらに発展させて、新たな町触《まちぶれ》が発布された。

その内容は、地本双紙を扱う問屋に対するもので、問題のある書籍の徹底した検閲を求めるものだった。重三郎も京伝も、右の三部作が「まずい」と感じていた可能性がある。しかし、編集作業も大詰めを迎えたので、出版したいというのが人情だろう。中断されることなく、刊行へ向けての作業は続いた。

編集作業の完了後、検閲を行う行事に京伝の作品を持ち込んだが、すんなりと刊行を認められた。ところが、刊行を強行したことで、二人は大変なことになった。

重三郎と京伝の処罰

京伝の三部作を刊行した直後、重三郎と京伝は奉行所から呼び出され、洒落本について取り調べを受けた。この点について、もう少し掘り下げてみよう。

寛政二年（一七九〇）の春頃、京伝は先述した三部作の執筆に着手した。原稿が完成したのは、同年七月のことである。原稿を受け取った重三郎は、原稿料の前金として、とりあえず半額となる金一両銀五匁を京伝に支払った。同年十月上旬、重三郎が三部作の版木の制作を業者に依頼すると、同月下旬に完成したのである。

同じ十月、書物の刊行に際し、地本問屋は仲間行事に行事改（検閲）をすることが決定した。その件で、町触が発布されたのは、翌月の十一月だった。同年十二月、重三郎は京伝の三部作を地本問屋行事の吉兵衛と新右衛門のもとに持参し、内容のチェックを依頼したところ、販売しても構わないと許可された。こうして寛政三年（一七九一）一月、京伝の三部作は発売されたのである。

寛政三年（一七九一）三月、重三郎は先の町触に違反した罪に問われ、財産の半分を没収された。しかも、京伝は手鎖五十日という、非常に厳しい処罰を科されたのである。この刑について、改めて詳しく説明しよう。手鎖とは今の手錠のようなもので、罪人の両手にかけて封印するという厳罰だった。役人は手鎖に美濃紙を貼って封印し、押印したのである。五十日の手鎖の場合は、役人が五日ごとに封印を確認した。行事を務めた二人も罪を逃れられず、所追放（または軽追放。江戸から十里四方に追放）といった処分を受けたのである。

処分は重三郎と京伝だけではすまなかった。当時、京伝の父の伝左衛門は、新両替町一丁目（東京都中央区）で家主を務めていたが、京伝の件で「急度叱《きっとしか》り」の処分を受けたのである。叱りとは奉行や代官から、直接叱責される刑罰の一つだった。単なる「叱り」よりも「急度叱り」のほうが重かった。伝左衛門は京伝の処分を受けた作品を読んだことはなく、まったく内容を知らないと反論した。しかし、町触で禁止されている本を子の京伝が書いているのに、注意をしないのは家主として不届きであるとされ、処分は覆《くつがえ》らなかったのである。

この一件により、三部作の仕事を受けた版木屋も取り調べを受けた。版木屋は仕事を受けたときは、作品に問題があると思わなかったらしい。ただし、遊女が登場して好き勝手にしている点は、あとで町触に抵触すると思ったので、念のために重三郎に伝えたという。重三郎は版木屋から問題点を指摘されたが、行事の許可が出たこともあり、予定どおり販売すると答えたのである。

一方で、作品を検閲した行事は、いかに作品が遊里を舞台にしているとはいえ、昔の人物に仮託したものなので、特に問題がないと考えていた。それは、重三郎も同じ認識だったのである。

それぞれの事情

事情はどうであれ、京伝の作品が刊行されたのは事実であり、そこには重三郎の何らかの思惑があったと考えざるを得ない。

重三郎が京伝の三部作の刊行に踏み切ったのは、必ずヒット作となり、高い収益をもたらすと考えたからだろう。それゆえ、宣伝にも積極的だった。先述のとおり、重三郎は喜三二や春町という人気作家を失っており、経営面での不安があった。世の中では倹約が尊ばれたり、黄表紙や洒落本の規制がはじまったりして、沈滞ムードが漂っていた。重三郎はそんなムードを覆そうと考え、さらに切り札ともいえる京伝を起用することにより、経営の充実と作品を待つ人々の要望に応えようとしたのだろう。

むろん、京伝にも事情はあった。先にも触れたが、当時の戯作者は喜三二のように本職を持ち、執筆を余技とする者が大半で、原稿料をもらうことがなかった。しかし、京伝には本業がなく、黄表紙や洒落本を執筆し、原稿料をもらうことで生活していた。京伝からすれば、せっかく作品を書いたのだから、原稿料を手にしたいと考えたのは当然のことである。

それは、行事も同じだった。彼ら行事の本業は、版元の下請けのようなものだった。そんな彼らが重三郎から作品の判定を依頼され、「ノー」とは決して言えなかったのである。行事とは名ばかりで、実際は有名無実の存在だった。そのような意味で、検閲制度に問題があったのは事実である。そもそも検閲を担当したのは、重三郎の仲間のようなものであり、持ちつ持たれつの関係にあったから機能しなかったのである。

重三郎が京伝の作品を出版したのは、一種の賭けだったといえよう。それは重三郎の出版にかける熱い思いがあったといえるのかもしれない。攻めの経営姿勢である。原稿料がほしい京伝も、刊行されないことには意味がなかった。仕事の依頼を受ける立場にある行事は、巻き込まれたようなものである。

これで重三郎がすっかり凹《へこ》んでしまい、以後の出版活動に支障を来したのかといえば、決してそのようなことはなかった。『山東京伝一代記』には、「重三郎は度量が大きかったので、今回のお咎《とが》めにもさほど気にする様子はなかった」（現代語訳）と書かれている。ちなみに同書によると、肝心の京伝のほうは深く恐れ入って、謹慎を第一とすると述べて反省しきりだった。両者の態度は、まったくの逆だったのである。

コラム❷　発禁処分となった書物

天明・寛政年間に発禁処分となった書物

前章で触れたとおり、すでに天明・寛政年間において、蔦屋が刊行した書物は出版統制により厳しい状況となっていた。以下、蔦屋が刊行した以外の書物の中で、発禁処分を受けた例を見ることにしよう。

天明六年（一七八六）、『御《お》馬印《うまじるし》』なる書物が発禁処分となった。同書は、家康、秀忠、三家および旗本、諸大名の姓名などを記したうえで、馬印・旗印の絵図集としてまとめられたものである。しかし、その内容が非常に紛らわしいということで、刊行を禁じられたのである。

天明七年（一七八七）には、植崎九《うえざきく》八郎《はちろう》が政治について述べた意見をまとめた『植崎九八郎上書《じょうしょ》』が発禁処分となった。九八郎（生没年不詳）は下級の幕臣であり、同書は田沼意次の政治を批判し、賄賂の横行、役人の不正の取り締まりを要求するなど、幕府に批判的な内容だった。結局、九八郎は発禁処分を受けたうえ、幽閉されたのである。その後も九八郎は幕府批判を止めず、『牋策雑収《せんさくざっしゅう》』で松平定信を批判した。

寛政三年（一七九一）、浄瑠璃本の『彫刻左《ちょうこくひだりこ》小刀《がたな》』が発禁処分となった。理由は、先祖のことが間違えて書かれているということだった。同書を刊行した版元の正本屋小兵衛は、販売を禁止されたうえ、絶版に追い込まれたのである。

寛政十年（一七九八）、戯作者の式亭三馬の手になる『辰巳婦言《たつみふげん》』が発禁処分に追い込まれた。同書の内容は、深川（東京都江東区）の遊女屋の様子がテーマだったが、遊女の痴態が描かれており、それが社会に害を及ぼすという理由で、刊行を禁じられたのである。もう少し踏み込んで言えば、特定の人物の名誉を不確実な情報で毀損したことも問題とされた。単に、遊里が舞台であるという理由だけではなかったのである。

翌年、式亭三馬の『俠太平記《きゃんたいへいき》向鉢巻《むこうはちまき》』が問題となった。二回目である。内容は御用火消組間の争いを客観的に描いたものだが、御用火消組は誹謗《ひぼう》中傷された箇所があると激怒した。その結果、式亭三馬と版元の西村新六は御用火消組に襲撃され、打ち毀されたのである。書物そのものは発禁処分にならなかったが、式亭三馬は手鎖五十日、西村新六は過料、御用火消組は入牢という処分をそれぞれ科されたのである。

発禁処分というのは、決して幕府政治への批判だけではなく、誤ったことを書いた場合も適用されたのである。

林子平とは

ほかにも幕府の意に沿わない本を刊行し、厳しい処罰を受けた人がいた。経世家で寛政三奇人（ほかは蒲生君平、高山彦九郎）の林子平《しへい》（元文三年／一七三八〜寛政五年／一七九三）もその一人である。

子平は、幕臣の岡村良通の次男として江戸で誕生した。のちに父は浪人となったので、幼い子平は、医者で叔父の林従吾に養育された。子平の二人の姉は、仙台藩の江戸屋敷に奉公するようになり、次女の「なお（きよ）」は六代藩主の伊達宗村の側室になった。その縁もあり、従吾が亡くなると、子平の兄の林友諒は仙台藩士として百五十石で召し抱えられた。子平も仙台藩士になったものの、無禄で部屋住みのうえに、妻子がいないというありさまだった。

子平は向学心が高く、藩の上層部に対して、藩政改革を促す献言を三度も行った。そのうえ江戸にたびたび遊学し、仙台藩医で経世論家の工藤平助に学んだほか、大槻玄沢《げんたく》、桂川甫《ほ》周《しゅう》ら蘭学者と交流を深めた。長崎に遊学したときは、オランダ商館長アーレント・フェイトと意見交換し、海外事情を積極的に摂取したのである。その後、子平が脅威を説いたのは、ロシアの存在だった。

『三国通覧図説』と『海国兵談』

天明五年（一七八五）、子平は『三国通覧図説《さんごくつうらんずせつ》』を執筆した。同書は朝鮮、琉球、蝦夷地、小笠原諸島の地理を詳述したものであるが、特に蝦夷を重要視した記述になっている。

寛政三年（一七九一）に刊行された『海国兵談《かいこくへいだん》』では、ロシアの南下政策の脅威を説き、北方における警備の必要性を論じた。中でも第一巻は、オランダ船の構造や装備を詳しく紹介し、日本の海軍を増強すべく、洋式軍艦の建造を強く主張した。また、江戸湾の防備が必要であることも指摘している。

同書の内容は国防軍事に関わるものだったので、ただちに発禁処分となった。『三国通覧図説』を刊行した版元の須原屋市兵衛は、版木を没収されたうえ、重い過料を科せられた。

しかし、『海国兵談』は発禁になったにもかかわらず、その後も転写が繰り返され、広く伝わっていったのである。幕末の嘉永年間（一八四八〜一八五四）に至って、ようやく同書の刊行は幕府から認められたのである。

著作が発禁処分となった子平は、兄のいる仙台に強制送還され、蟄居《ちっきょ》の身となった。子平は「親も無し　妻無し子無し版木無し　金も無けれど死にたくも無し」と嘆き、六無斎《ろくむさい》と号したという。子平が無念の思いを抱きながら亡くなったのは、二年後の寛政五年（一七九三）のことである。

第四章 喜多川歌麿と浮世絵

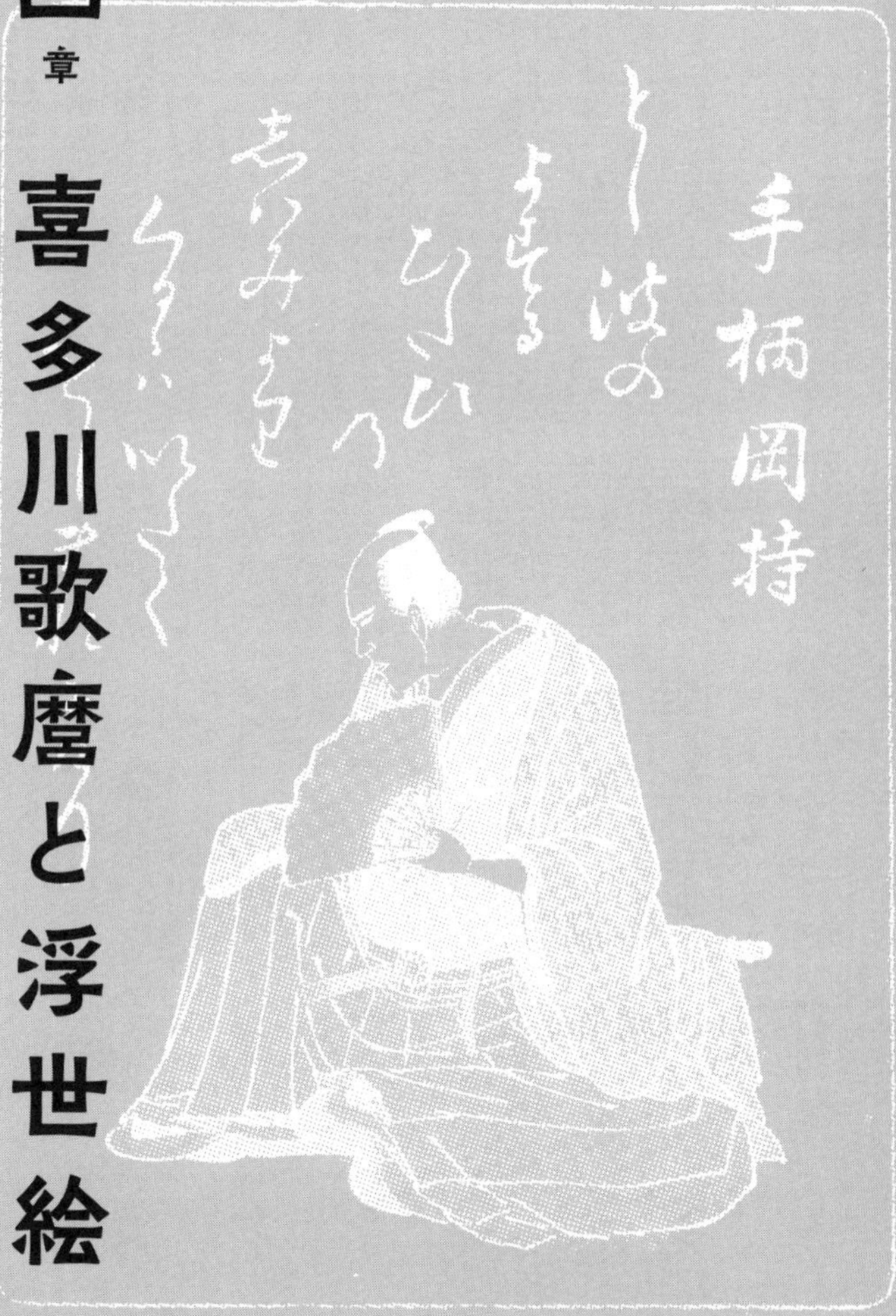

浮世絵の発達

重三郎は、黄表紙の挿絵で多くの絵師を起用したこともあり、当時、流行していた浮世絵の出版にも踏み切ることになった。商売の嗅覚は、実に優れていた。その前に、浮世絵の歴史を概観することにしよう。

浮世絵とは、江戸時代に流行した絵画のことで、遊郭、遊女、役者などを描いた風俗画である。当時、広く庶民に受け入れられた。

そもそも絵画は肉筆で書かれるものが主流で、木版を用いた作品は限られていた。江戸時代になると、仏教の信仰のためだけでなく、木版の仏画が観賞用として数多く刊行されるようになった。京都の富裕な町衆で数寄者の本阿弥光悦《ほんあみこうえつ》、角倉素庵《すみのくらそあん》は、嵯峨本という絵入り木版本を刊行した。それらは、『伊勢物語』、『百人一首』を主題とした墨摺絵《すみずりえ》が主流だったが、やがて『御伽草子』などをテーマとし、丹、緑、黄など数種の色を用いた「丹緑《たんろく》本《ぼん》」も刊行されるようになったのである。

当初、そうした絵画は、京都、大坂で発達し、江戸に作品が持ち込まれていた。しかし、江戸の経済発展のみならず、文化が成熟していくにつれ、絵入り版本を刊行しようという機運が高まっていった。それが浮世絵の源流ということになろう。地本問屋が盛んに絵入り版本を刊行するようになると、多くの版下絵師が成長した。中でも有名なのが、菱川師宣（?～元禄七年／一六九四）である。

菱川師宣と鈴木春信

菱川師宣は浮世絵の草創期を代表する絵師の一人で、安房国平群郡保田村（千葉県鋸南町）で誕生した。菱川派の祖である。父の吉左衛門は、縫箔師《ぬいはくし》（服に刺繍で絵模様を施す仕事）だったので、その絵画的なセンスを受け継いだのだろう。師宣の前半生は不明であるが、寛文十年（一六七〇）頃から存在を認められる。万治二年（一六五九）に刊行された咄本『私可多咄《しかたばなし》』は、おそらく初めての作品である。

師宣は浮世絵だけでなく、枕絵、名所絵、浄瑠璃絵など数多くの作品を残した。知られているだけでも、一〇〇以上の絵本に挿絵を描いた。師宣は江戸に出てくると、狩野派、土佐派などの画技を学んだのだろう。そして、時代の要請に応え、木版画に適した技法を自ら開発し、風景画、美人画に活路を見出した。狩野派と土佐派の良い部分を取り入れ、しかも庶民の嗜好《しこう》を捉えた新しい様式は、当時の流行に乗ったのである。

師宣の美人画は、健康的な官能美が表現されており、素朴な中にも重厚感溢れるところが評価された。美人画そのものは普通の生活を素材とした描写ではあるが、描かれた女性の美しさは、絵師としての理想像であり、師宣独自の美意識が見られる。それは土佐派、狩野派といった伝統的な絵師が描いたのではなく、いうなれば在野の町絵師によって描かれたのである。

師宣が画壇に登場したことにより、版画の芸術性が高く評価され、肉筆画にも劣らないことが証明された。これこそが浮世絵の原点であり、枢要な地位を占める契機になったのである。それまでの版下絵は、肉筆画よりも一段低く見られていた。版下絵の絵師は肉筆画の絵師と厳然と区別されており、格下という評価だったのである。しかし、師宣の版画が市中に広まると、版下絵にしかできない独自かつ複雑な技巧が高く評価されるようになり、肉筆画と変わらなくなったのである。

師宣の代表作としては、切手のデザインにも用いられた肉筆画の『見返り美人』のほか、『吉原《よしわら》の躰《てい》』、『浮世《うきよ》続《つづき》』などがある。肉筆画の『風俗図巻』も優れた作品であると高く評価されている。

師宣には弟子がいたが、その没後、菱川派は振るわなくなった。以降、鳥居清信・清倍《きよます》、奥村政信、宮川長春らが活躍し、浮世絵界で随一の人気絵師と評価されたのが鈴木春信（?

〜明和七年／一七七〇）である。

春信はその前半生が不明であり、父の名すらわかっていない。絵師としてデビューしたのは、宝暦十年（一七六〇）頃であるといわれている。当初、紅摺絵《べにずりえ》（紅や緑を主に用いた絵）版画で役者絵、美人画を制作していたが、ほかの絵師の作品と大差がない平凡なもので、ほとんどオリジナリティーがなかったといわれている。ところが、絵暦《えごよみ》（絵で描いた暦）交換会を通して、春信は多色摺の木版の技術を習得し、代表的な絵師になった。代表作は『座敷八景』、『風俗四季歌仙』などがある。

その後、鳥居清長、喜多川歌麿などが画壇に登場し、浮世絵界は活況を呈した。むろん、重三郎はこれを商機と捉えたのである。

重三郎が交流した絵師

重三郎が黄表紙を刊行する際は、抱えていた絵師に挿絵を依頼した。中でも北尾重政、北尾政演（山東京伝）、北尾政美（鍬形蕙斎《くわがたけいさい》）、勝川春章らが有名である。政演についてはたびたび触れたので、重政、政美、春章の三人の来歴を紹介しておこう。

北尾重政（元文四年／一七三九〜文政三年／一八二〇）は、伊勢の戦国大名の北畠氏の末裔といわれているが、詳細は不明である。重政の父は、江戸小伝馬町（東京都中央区）で地本問屋を営む須原屋三郎兵衛だった。三郎兵衛は、地本問屋の須原屋茂兵衛のもとに奉公しており、のちにのれん分けして開業した。幼い頃から、重政は本に囲まれる生活をしていたので、自ずと書物や絵に関心を持ったと推測される。

重政が十歳の頃、もう暦の版下の制作をしていたというのだから、相当な才能があったのだろう。当時、紅摺絵が流行していたが、まだまだ芸術の域に達する作品は少なかった。絵心があった重政は、自分ならもっとうまく描けると考え、将来は絵師になろうと決心したといわれている。

絵を志した者は、師について学ぶのが普通だったが、重政には師匠がいなかったという。まったくの独学である。「北尾」という姓は、大坂の浮世絵師の北尾辰宣《ときのぶ》（生没年不詳）から拝借したといわれている。宝暦年間（一七五一～一七六四）末年に至り、紅摺絵の役者絵を描きはじめた。その作風は西川祐信《すけのぶ》、鳥居清満《きよみつ》の作風から強く影響を受けており、まだまだ習作の段階に止まっていたと指摘されている。

明和二年（一七六五）になると、重政は花藍《からん》という号を用いて活躍しだし、徐々に錦絵の分野で頭角をあらわした。一七七〇年代後半から一七八〇年代前半にかけては、美人画のほか、草双紙の挿絵などの仕事を精力的にこなすようになった。その際、重三郎に起用され、絵本や黄表紙の挿絵を数多く描いたのは、すでに触れたとおりである。

安永五年（一七七六）、先述した絵本『青楼美人合姿鏡』を勝川春章と共同で制作した。その後も数多くの作品を発表し、肉筆による浮世絵のほか、絵本や挿絵の仕事も積極的に請け負っている。重政の美人画は、後述する鳥居清長の作風にも大きな影響を与えた。重政のもとには、喜多川歌麿のほか多くの俊英が集まり、その後の浮世絵界を背負っていったのである。

勝川春章とは

勝川春章（享保十一年／一七二六～寛政四年／一七九二）は、その前半生が不明である。絵は、浮世絵師の宮川春水《しゅんすい》（宮川長春《ちょうしゅん》の門人）に習ったという。春水は美人画を描いており、その影響を受けたものと考えられる。また、家が北尾重政の向かいにあったので、親しくなったといわれている。

明和年間（一七六四～一七七二）の初期頃、春章は絵師としての活動を開始した。活動当初は、鈴木春信らとともに仕事をすることが多かったので、美人画については師の春水だけでなく、春信の作風から影響を受けたといわれている。この時代の美人画は、春信の独擅場だったので、ほかの絵師はその作風を真似ていたのである。

　一方で、春章が特に力を入れたのは役者絵で、浮世絵師の一筆斎文調《いっぴつさいぶんちょう》と協力して発展させた。それまでの役者絵は、鳥居派の役者絵が隆盛を極めていたが、やがて春章らの写実的で男性美を特色とした作品は多くの人々から支持されるようになった。それは、繊細で優美、しかも描写力がたしかだったと評価されている。明和七年（一七七〇）に発表した、一筆斎文調との合作『絵本舞台扇』は代表作である。

　春章の役者絵には、いくつかの特色があった。それまでの役者絵の大きさは細判《ほそばん》といい、約一五・七㎝×約三三㎝という大きさだった。春章の作品はよりワイドな間判《あいばん》（約三三㎝×約二三・五㎝）、または大判（約二六・五㎝×約三九・四㎝）だった。画面構成も大首絵《おおくびえ》のように顔をアップにしたり、全身ではなく半身を描いたり、色彩の鮮やかさとともに多くの工夫がなされていた。

　点数は少ないものの、春章は美人画も描いていた。春信の版画による美人画は、もともとは春信や北尾重政の作品と似ていたが、のちになると独自の作風で描くようになったという。春章の作品は「春章一幅価千金《しゅんしょういっぷくあたいせんきん》（「春宵一刻値千金」に掛けた言葉）」と賞されており、中でも肉筆による作品の『花下の遊女図』、『渡し場の二美人』は、初期の頃の代表作である。重要文化財に指定された肉筆画としては、『雪月花図』と『婦女風俗十二ヶ月図』の二作品が知られている。

以降、春章は浮世絵界をリードする存在となり、その作風を慕う多くの弟子を抱えて、勝川派という一派を成した。弟子の一人の勝川春朗《しゅんろう》は、のちの葛飾北斎である。安永年間（一七七二～一七八一）の中期以降、春章とその弟子の勝川春好《しゅんこう》は、浮世絵界で圧倒的な存在となった。しかし、天明年間（一七八一～一七八九）後期になると、春章は一転して、肉筆画に力を入れるようになった。『雪月花図』は、代表作の一つである。

関根只誠《しせい》『名人忌辰録《めいじんきしんろく》』は、春章は寛政四年（一七九二）に六十七歳で亡くなったとするが、今なお没年には謎が多いとされる。

北尾政美とは

北尾政美（明和元年／一七六四～文政七年／一八二四）は、江戸の畳商の子だったといわれている。政美が絵師を志し、重政に入門したのは十三歳のときだった。安永七年（一七七八）、十五歳にして、咄本『小鍋立《こなべたて》』（作者不明）の挿絵を担当したというのだから、早熟の天才と言っても過言ではないだろう。

その二年後、窪俊満《くぼしゅんまん》の『浦山太郎兵衛　竜宮の巻』、『桃太郎宝噺《ももたろうたからばなし》』の挿絵を担当したほか、黄表紙の挿絵にも筆を振るった。この年、重政は政美という名乗りを許した。以後、政美は武者絵、浮世絵、花鳥画のほか、黄表紙などの挿絵で精力的に活躍した。師匠の重政同様、蔦屋からの仕事も多数請け負ったのである。

寛政六年（一七九四）、政美は津山藩（岡山県津山市）の御用絵師に転じ、同時に剃髪《ていはつ》して蕙斎紹真《けいさいつぐざね》と名を改めた。津山藩では、大役人格の十人扶持《ぶち》で処遇され、別途、絵具料として三両が支給された。しかし、政美は津山に住むことはほとんどなく、江戸に生活の基盤を置いていたのである。以降の政美は絵師の横山華山《かざん》の作風から影響を受けた作品を発表したり、江戸幕府奥絵師の狩野惟信に師事したりした。

文化年間（一八〇四～一八一八）にかけては、老中首座を務めた松平定信の要請に応じて、肉筆図巻『近世職人尽絵詞』などの作品作りに取り組んだ。いったん黄表紙の挿絵の仕事は中断したものの、黄表紙『神伝路考由《しんでんろこうゆ》』を自ら執筆したり、狂歌を森島中良《ちゅうりょう》から学ぶなどした。政美が亡くなったのは、文政七年（一八二四）のことである。

喜多川歌麿と重三郎

重三郎は多くの絵師の協力のもと、黄表紙などを刊行したが、浮世絵を刊行するに際しては、喜多川歌麿の助力なくしてはなしえなかった。次に、歌麿の経歴を取り上げよう。

歌麿の父母は不明であり、生年は宝暦三年（一七五三）頃と推定されている。出生地は京都、川越（埼玉県川越市）、秩父（同秩父市）などの諸説があるが、江戸が有力視されている。歌麿の絵の師匠は、絵師の鳥山石燕《せきえん》である。恋川春町の師匠でもあった。石燕は狩野周信《ちかのぶ》に師事した狩野派の絵師で、御用絵師だったといわれているが、その生涯については不明な点が多い。代表作としては、妖怪を描いた『画図百鬼夜行』などの作品がある。石燕は幼い頃から歌麿をよく知っており、絵師に欠かせない観察力が鋭かったと書き残している（『画本虫撰』）。

歌麿の最初の画号は、豊章《とよあき》という。天明元年（一七八一）に刊行された黄表紙『身《み》貌《なり》大通《だいつう》神略《じんりゃく》縁起《えんぎ》』には、歌麿の名が記されているので、この頃から歌麿の名を用いたと考えられる。なお、俳名は石要《しゃくよう》、狂歌師名は筆綾丸《ふでのあやまる》といった。

歌麿の前半生は不明だが、安永四年（一七七五）に刊行された富本正本『四十八手恋所訳』下巻の表紙絵が処女作である。この作品の版元は、両国吉川町（東京都墨田区）の伊兵衛店にあった大黒屋平吉だが、歌麿とどのような関係があったのかはわからない。この版元は、昭和五年（一九三〇）まで長きにわたって営業を行った。

翌年、歌麿は大判一枚の摺物『市川五粒名残り惣役者ほつくしう』を描いた。五粒とは四世市川團十郎の俳名であり、摺物《すりもの》は舞い納めの記念品として配布された。この摺物は、團十郎が長袴《ながばかま》を着用しており、裃《かみしも》の立ち姿で描かれている。しかも、役者十七名による発句が、貼交風《はりまぜふう》に書かれていた。安永七年（一七七八）になると、豊章画の落款《らっかん》（作品に作者が署名または押印すること）がある『朝比奈のつらね』、『対面太神楽のつらね』といった作品が刊行された。「つらね」とは、役者のセリフを書いたものである。

同年、歌麿は黄表紙『善光寺御利生《ごりしょう》　通　皃寝子《かよいけるねるこ》』（黄山堂作）の挿絵を担当した。版元は、堀江町二丁目（東京都江戸川区）に店舗を構える伊勢屋惣右衛門である。この年の六月一日から閏七月十七日にかけて、両国（東京都墨田区）の回向院《えこういん》で善光寺（長野市）の阿弥陀如来の出開帳《でかいちょう》（寺院の本尊などをほかの場所で行う開帳）が催されていた。この作品は、多くの人々が参詣した模様を描いたものである。

このほかにも、歌麿の歌舞伎に関する作品は多数あり、当時の浮世絵師がデビューするケースと似ていた。それらの作品は、勝川派の手法により描かれたものだった。後述するとおり、重三郎は歌麿に仕事を託すようになるが、それはそのキャリアや画法を十分に知り尽くしていたからだろう。

歌麿と重三郎の初仕事は、天明三年（一七八三）に刊行された黄表紙『身《み》貌《なり》大通《だいつう》神《じん》略《りゃく》縁《えん》起《ぎ》』（志水燕十《えんじゅう》作）である。この作品は先述のとおり、画号を豊章から歌麿に改めた記念すべきものでもあった。歌麿は付き合いのある版元の場所を考慮すると、長らく両国に住んでいたと思われるが、この作品により居住地が忍岡御数寄屋町（東京都台東区）だったことがわかる。この作品を嚆矢として、歌麿の作品の大半は、蔦屋から刊行されるようになったのである。

燕十には奈《な》蒔《まけ》野《の》馬《ば》乎《か》人《ひと》という別号があり、天明三年（一七八三）に黄表紙『右《みぎの》通《とおり》慥《たしか》而《に》啌《うそ》多《しっかり》雁取帳《がんとりちょう》』を蔦屋から刊行した。挿絵を担当したのは、もちろん歌麿である。この作品では、主人公の金十郎が大人国をめぐり、大きな女性と遭遇する場面がある。歌麿は大胆にも、美女を画面の枠いっぱいに描いて見せた。蔦屋、歌麿、燕十のトリオは、以降も作品を発表し続けたのである。

歌麿の狂歌絵本

狂歌が大流行し、絵入りの狂歌本が刊行されたことは先述したとおりである。その波に乗って、重三郎は狂歌絵本を刊行した。その際の重要なパートナーの一人もまた、歌麿だったのである。

天明年間から寛政年間にかけて、歌麿は積極的に蔦屋刊行の狂歌絵本に挿絵を描いた。天明六年（一七八六）に刊行された『絵本江戸爵』は、朱楽菅江が序文を執筆し、蔦唐丸こと重三郎が編集した。絵は江戸市中やその近郊の名所を描いたもので、歌麿が描いた絵の上に狂歌が記されている。

天明七年（一七八七）に刊行された『絵本詞《ことば》の花《はな》』は、宿屋飯盛が序文を執筆し、絵は歌麿が風景や風俗を描いたものである。本文には歌麿を称えた一文があるので、その高い評価をうかがうことができる。同年には、武江《たけえ》隠士《いんし》が序文を書いた『麦生子《ばくせいし》』も刊行された。同書は、藤沢（神奈川県藤沢市）に住む麦生子の病が癒え、そのお祝いに友人が狂歌を寄せた作品である。もちろん、挿絵は歌麿の担当である。

歌麿の手になる狂歌絵本の最高傑作が、天明八年（一七八八）に刊行された『画《え》本虫撰《ほんむしえらび》』（序文／宿屋飯盛）である。次に、その概要を説明しておこう。

天明七年（一七八七）と推定される八月十四日、隅田川のほとりにある庵崎《いおさき》（東京都墨田区）の鯉料理屋において、虫聞きの会が催された。虫聞きとは、松虫などの虫の鳴き声を楽しむことである。虫聞きの会では、木下長嘯子《ちょうちょうし》（勝俊）の撰という虫に関する歌合（『虫十五番歌合』など）を真似して、主題として恋の心を取り上げ狂歌を詠んだ。そこでは、約三十もの虫についての狂歌が詠まれたのである。

各作品に絵を添えたのは、歌麿である。歌麿は精緻な筆致かつ美しい配色により、詠まれた虫に季節の草花を配して作品を描いた。立体感がある草花に加え、虫の生態が細緻に描かれており、非常に高く評価された作品である。同書の巻末には、鳥之部、獣之部、魚之部の刊行を予告したうえで、内容に沿った狂歌を募集した。同書は歌麿の技量に加え、彫板《えりいた》と摺刷《すりさつ》の高い技術、クオリティーの高い造本、そして豪華さや芸術性が後世に残る芸術作品だったといえよう。

寛政元年（一七八九）には『潮干《しおひ》のつと』、寛政四年（一七九二）頃には『百千鳥《ももちどり》』の二作品が刊行された。『潮干のつと』は、朱楽菅江が主宰する八重垣連の狂歌絵本で、歌麿が貝の絵を描いた。同書は潮干狩りの図からはじまり、続けてさまざまな貝が描かれ、貝合わせの場面で終わっている。各図には三十六歌仙にならって、三十六人の狂歌師の貝に対応した狂歌を載せる。

『百千鳥』は先述した、鳥之部に該当する作品だろう。歌麿が写実的に描いた鳥の絵のすばらしさが際立つ一方、新進の狂歌師が入銀《にゅうぎん》という出版経費を負担した作品でもある。それまで狂歌本を刊行する際は、歌会で詠まれた作品を採用していたが、同書では作品の公募形式が採用されたのである。江戸では狂歌熱の高まりもあり、より大衆化が進んでいた。重三郎は公募形式により狂歌愛好家の目を引き、それを販売強化につなげようと考えたのだろう。同時に、出版経費を賄《まかな》うこともできた。

ところで、虫之部、鳥之部は刊行されたものの、獣之部、魚之部が出版されたのか否かは不明である。おそらく企画倒れで終わったと考えられる。

美人画の時代と鳥居清長

重三郎は多くの出版物を刊行したが、時代は美人画が大流行していた。むろん、重三郎が静観するわけがなかった。

天明四年（一七八四）一月、重三郎は北尾政演を起用して、『吉原傾城《よしわらけいせい》新美人合《しんびじんあわせ》自筆《じひつ》鏡《かがみ》』を刊行した。前年、重三郎は『青楼明君自筆集《せいろうめいくんじひつしゅう》』（北尾政演画、四方山人序、朱楽菅江跋）

という、大判二枚掛の錦絵を刊行していた。錦絵は、早春における吉原遊女の室内の様子を描いたものである。全部で七枚だが、『吉原細見五葉松《ごようのまつ》』の広告によると、百枚続きの予定だった。

なぜ七枚だけだったのかは不明であるが、好評ならば続編を刊行する計画で、一種の誇大広告だったという指摘がある。一方で、刊行に掛かる経費は決して安くなかったので、懐事情があったともいわれている。いずれにしても、一度に百枚では心配だったので、読者の様子を確認しておきたいという気持ちがあったのだろう。天明八年（一七八八）を境にして、重三郎は政演を使わなくなり、歌麿を起用するようになった。その一方で、当時の美人画で名を馳せたのが鳥居清長なのである。

鳥居清長（宝暦二年／一七五二～文化十二年／一八一五）は鳥居派の四代目の当主で、もとは本材木町（東京都中央区）の書肆・白子屋関口市兵衛の子である。のちに、三代目当主の鳥居清満に弟子入りした。安永年間（一七七二～一七八一）頃の清長は、主として鳥居派の画風による役者絵を描いていた。初期の作風は師の清満、鈴木春信の作風にならっており、その後は礒田《いそだ》湖《こ》竜《りゅう》斎《さい》の画風に影響を受けた。湖竜斎は春信の死後に活躍した浮世絵師で、柱絵（柱に飾る縦長の浮世絵）を得意にしていた。

天明年間（一七八一〜一七八九）以降の清長は美人画に転じて、精力的に描くようになった。清長の美人画の特徴は、すらりとした長身で健康的な女性を描いたことである。さらに、写実的な江戸の名所などの風景の組み合わせを得意とし、独自の境地を開いたことにあった。代表作としては『当世遊里美人合《とうせいゆうりびじんあわせ》』、『美南見十二候《みなみじゅうにこう》』、『風俗東之錦《ふうぞくあずまのにしき》』などの作品がある。

清長の評価がうなぎ上りになったのは、諸書で確認することができる。天明元年（一七八一）に刊行された草双紙の評判記『菊寿草』（大田南畝著）によると、清長は第一位の北尾重政の次にランクされている。天明四年（一七八四）刊の洒落本『狂訓彙軌本紀《きょうくんいきほんぎ》』（中井董堂著）によると、浮世絵の名だたる画家の一人として、清長の名前が挙がっている。世間的なランク付けでいえば、清長は重政、勝川春章に次いで三番手だった。とはいえ、清長は美人画に限っていえば、トップだったといわれている。

清長の浮世絵を刊行していた版元は、西村永寿堂だった。西村永寿堂は書物問屋、地本草紙問屋として知られ、馬喰町《ばくろちょう》（東京都中央区）に店を構えた。そもそも鳥居清満やその弟子の鳥居清広の役者絵を扱っており、その流れから清長の作品を販売するようになったのだろう。西村永寿堂は三代にわたり、幕末まで営業を続けた。

歌麿の美人画

寛政年間（一七八九～一八〇一）になると、重三郎は美人画の出版に注力した。その際のパートナーが気鋭の浮世絵師として名を馳せていた歌麿だった。

二人がタッグを組んで、初めて刊行したのは『当世踊《とうせいおどり》子揃《こぞろい》』だろう。刊行年次は不詳であるが、寛政年間初期頃といわれている。これまで勝川春章らが役者絵で大首絵の画法を用いていたが、歌麿は大胆にも大首絵の手法で美人画を制作したのである。むろん、これには狙いがあった。先述したとおり、ライバルの鳥居清長はすらりとした長身女性の全身を描いていたので、それに対抗しようとしたのである。この狙いは見事に的中し、歌麿の作品は広く受け入れられるようになった。

『当世踊子揃』の刊行で歌麿の名声は広まり、美人画の第一人者としての地位を確固たるものにした。そこには、長年にわたる清長の時代が飽きられていたという事情もあろう。以降、歌麿だけでなく、出版で支える重三郎もまた、美人画界でトップの座を勝ち取るべく、二人三脚で邁進したのである。

寛政四、五年（一七九二、一七九三）頃、歌麿は「高島屋おひさ」、「難波屋おきた」といった作品に見られるように、当時、評判だった美しい女性を描いた。これは、当時の流行でもあった。作品が描かれた前後、一枚摺の評判記『水茶屋《みずちゃや》百人一笑《ひゃくにんいっしょう》』が刊行された。内容は水茶屋の看板娘に寄せる思いを狂歌に託したもので、こうした類の本は江戸だけでなく、全国で刊行されるようになったのである。

実は、それ以前から『評判娘《ひょうばんむすめ》名寄草《なよせぐさ》』、『江戸《えど》評判娘《ひょうばんむすめ》揃《そろい》』、『名代娘《みょうだいむすめ》六花撰《ろっかせん》』といった同種の書物が刊行され、人々は競うように読んだ。というのも、同書は取り上げた女性の容姿のほか、行儀作法や得意な芸、恋人の有無までが詳しく書かれており、男ならば興味津々の内容だったからである。しかし、こうした作品の流行は一過性だったのか、歌麿が作品を刊行するまでには見られなくなっていた。

以前の作品と歌麿の作品の違いは、前者には詳しい情報が書かれていたが、後者は加えて女性を詠んだ狂歌が添えられていた。つまり、目で見て楽しみ、女性の情報を得て、しかも狂歌までもが添えられている点に大きな特色があったのである。歌麿の作品が大ヒットしたので、ほかの版元からも同種の本が刊行されたが、蔦屋・歌麿のコンビには敵わなかったようである。

その後も歌麿は美人画を描き、吉原の名妓《めいぎ》を対象とするようになった。それは、これまでの連作とは異なり、美人画の組物だった。この作品では、名妓の名や所属する妓楼、彼女を賞賛する狂歌が添えられるなど、一種の吉原細見のような体裁となった。これまでのものは文字情報だけだったので、吉原のよい宣伝にもなった。制作に際しては、吉原の妓楼から資金援助を受けたのではないだろうか。

重三郎は山東京伝の一件で罰金を支払い、制作資金が厳しくなったと考えられるので、まさしく起死回生のヒット作となったのである。

歌麿の最高傑作

こうして研鑽を積み重ねた歌麿の最高傑作は、『婦《ふ》人相学十躰《じんそうがくじってい》』、『婦《ふ》女人相十品《じょにんそうじっぽん》』、『歌撰《かせん》恋之部《こいのぶ》』とされている。

『婦人相学十躰』は寛政三、四年（一七九一、一七九二）にかけて刊行された大首絵の連品で、さまざまな女性の人相を描き分けた傑作である。当時、大坂では人相占いが流行し、やがて江戸にも及ぶようになった。重三郎と歌麿は、その流行に便乗して、女性の人相を絵で表現したのである。たとえば、「面白き相」、「浮気之相」などの作品である。なお、「浮気」は「上気」とも書かれ、単に色恋沙汰のことだけではなく、派手で陽気という意味も含まれている。

『婦女人相十品』は、『婦人相学十躰』の前の名称である。「煙管《きせる》持てる女」は岡場所の遊女が浴衣の胸の部分がはだけたまま煙草を吸っている様子が描かれており、「文読む女」は女性が夫宛の手紙を遊女のものではないかと疑いつつ、真剣なまなざしで手紙に目を通す場面が描かれている。

『歌撰恋之部』は、美人大首絵の五枚揃いのシリーズで、背地を紅雲母摺《べにきらずり》にした作品である。紅雲母摺とは、浮世絵版画の摺刷法《すりさっぽう》の一つであり、人物画の背地に雲母の粉末を使用した。地の色によって、白雲母《うんも》摺、黒雲母摺、紅雲母摺などと称された。

歌麿はこの作品で、女性の表情や年齢に加えて、その仕草を描き分けており、女性の恋心の襞《ひだ》までを描き出すことに成功した。この作品は、平安時代の女性の恋を十八世紀後半の時代になぞらえて描いたものである。こうした女性の内面にまで及んだ描き方は、まさしく歌麿の独擅場だったといえる。

このほか歌麿には、寛政八年（一七九六）頃の『高名美人六家撰《こうめいびじんろっかせん》』という、江戸の六人の

喜多川歌麿「難波屋おきた」
山口県立萩美術館・浦上記念館所蔵

美人を描いた揃物の作品がある。寛政五年（一七九三）になると、絵の中に遊女以外の女性の名前を書くことが禁止された。そこで、苦肉の策として、女性の名前を「判じ絵」にして画面上部に書くことにしたのである。「判じ絵」とは絵を見て、それがいったい何を意味するのか当てる遊びのことで、江戸の庶民の間で流行した。

たとえば、「難波屋おきた」をそのまま書くのは憚られたので、「菜《な》二《に》把《わ》」「矢《や》」「沖《おき》」「田《た》」で「なにわやおきた」と読ませた。「高島ひさ」の場合は、「鷹《たか》」「島《しま》」「火《ひ》」「鷺《さぎ》の上半分」で「たかしまひさ」と詠ませたのである。一連の作品もまた、歌麿が得意とする大首絵の美人画だった。

冷えていった二人の関係

こうして二人は見事に大成功を収めたが、寛政五年（一七九三）から翌年にかけて関係が徐々に冷えていったという。この点に関しては、二つの説がある。

一つ目は、絶頂にあった歌麿の人気が原因である。歌麿は蔦屋だけから美人画を刊行していたが、もちろんほかの版元が黙っていたわけではない。おそらくほかの版元も多少の好条件を示し、歌麿を勧誘した可能性があろう。その結果、重三郎は歌麿の美人画から撤退し、東洲斎写楽が描く役者絵に力点を置いたというのである。

二つ目の理由は、一つ目とは逆の発想である。重三郎は東洲斎写楽の役者絵に注力しすぎたあまり、憤慨した歌麿が距離を置いたという説である。いずれが正しいのか判然としないが、寛政六年（一七九四）以降の歌麿は、蔦屋以外の版元から美人画を刊行することが増えていったのである。いずれにしても、東洲斎写楽の登場が二人の関係に影響したことは、疑う余地がないように思われる。

寛政六年（一七九四）、歌麿は『当時全盛似顔揃《とうじぜんせいにがおぞろい》』を版元の若狭屋与市から刊行した。地本問屋の若狭屋与市は芝神明前三島町（東京都港区）に店を構え、明治期まで営業を続けた。『当時全盛似顔揃』は、同年中に『当時全盛美人揃』と改題され刊行された。この作品は十枚揃のシリーズ（本来は十二枚あったとされる）で、吉原を代表する遊女の座った姿を膝のあたりから上で切り取って描いた意欲作である。

同じ頃、歌麿が刊行したのは『北国五色墨《ほっこくごしきずみ》』で、版元は伊勢屋孫兵衛である。伊勢屋孫兵衛は日本橋堀江町二丁目（東京都中央区）の家主で、地本問屋を営んでいた。タイトルの「北国」とは吉原の異称で、江戸の北に位置していたことからそのように称された。「五色墨」とは、享保十六年（一七三一）に佐久間長水らが刊行した俳諧集のタイトルである。同書は、江戸座の点取り俳諧を良しとせず、比喩や洒落に頼らない平明な作品を目指した。なお、「五色墨」は五つのシリーズを指す名称としても使用された。

『北国五色墨』は黄潰し（背景を黄一色に摺ること）を背地にして、吉原の五人の遊女を大首絵で描いた五枚シリーズの作品である。最下層の遊女からトップランクの花魁まで、吉原の女たちの姿を見事に描き分けた。それは、遊女のランクごとの相違だけでなく、女性たちの表情の違いに加えて、醸し出す雰囲気が見事に描かれていた。歌麿の描写力と観察眼の高さがいかんなく発揮された作品である。

このように意欲作を次々と歌麿が生み出したのは、東洲斎写楽や重三郎への対抗心のあらわれだったのだろうか。

歌川豊国の登場

歌麿のライバルは、決して写楽だけではなかった。同じ頃に台頭してきたのが歌川豊国（明和六年／一七六九～文政八年／一八二五）である。

豊国は、芝神明前三島町（東京都港区）に住む人形師の倉橋五郎兵衛の子として誕生した。豊国は幼少時から絵を描くのが得意だったので、歌川豊春の弟子となった。豊春は歌川派の祖であり、浮世絵師として名を馳せていた。豊春には多くの門人がおり、優秀な浮世絵師が巣立っていった。

天明六年（一七八六）、豊国は万象亭《まんぞうてい》作の黄表紙『無東話親玉《つがもないはなしのおやだま》』の挿絵を担当した。これがデビュー作といわれているが、刊行年に確証がないので異論もある。その二年後、豊国は七珍万宝《しっちんまんぽう》作の黄表紙『苦者楽元〆《くはらくのもとじめ》』（版元／伊勢屋治助）の挿絵を描き、この頃から作品が少しずつ増えていく。しかし、デビューして数年は、なかなか売れない時代が続いた模様である。

豊国は芝神明前三島町で誕生したが、その後は芳町（東京都中央区）、堀江町（同江戸川区）、上槙町（同中央区）と居を移した。芝という地域には、大きなポイントがあるという。たとえば、七珍万宝は菓子商で、芝桜田久保町（東京都港区）に店を構えていた。その後も豊国はいくつかの黄表紙の挿絵を担当したが、作者はいずれも芝を本拠とする戯作者だった。版元の伊勢屋治助も芝山下町（東京都港区）で開業していたのだから、やはり芝つながりである。そうした地縁が豊国を育んだという。

豊国はデビュー以来、年に数点の作品しか発表できなかった。しかし、寛政三年（一七九一）になると、十五種類もの黄表紙に挿絵を描き、急速に点数が増えたのである。豊国を起用した版元は伊勢屋治助だけでなく、和泉屋市兵衛、榎本屋吉兵衛、西村屋与八、佐野屋喜右衛門、若狭屋与市、秩父屋などが新たに加わったのである。かえって、伊勢屋治助の刊行点数は、わずか一点に止まった。豊国の作品が高く評価されるに従って、版元間で奪い合いの状況になったのである。

熾烈な豊国の争奪戦の中で、西村屋与八と和泉屋市兵衛が激戦を勝ち抜き、豊国に挿絵を依頼するようになった。豊国が描いた黄表紙の挿絵は、この二つの版元が過半を占めるようになったのである。中でも西村屋与八は、豊国が浮世絵界の時代を担うと考え、特に熱い視線を送っていた。

先述したとおり、西村屋与八は鳥居清長の作品を数多く取り扱い、美人画界を席巻していた。ところが、寛政年間になると、清長の人気も次第に落ちていき、重三郎と歌麿のコンビが快進撃を続けるようになった。西村屋与八は清長に見切りをつけ、次の浮世絵界を背負って立つ人材の発掘と育成をしなくてはならなかった。そこに登場したのが豊国だったのである。

西村屋与八が豊国の美人画を中心に据える一方で、和泉屋市兵衛は役者絵にも力を入れていた。和泉屋市兵衛も芝神明前三島町に店を構えており、もともとは仏教書を扱っていた。やがて、草双紙、絵本、錦絵、黄表紙などを刊行するようになったが、作家の多くは芝に拠点を持つ者が多かった。

豊国の役者絵は、すでに黄表紙の挿絵でも披露されていたが、一枚絵としても刊行されることとなった。寛政六年（一七九四）一月、豊国は満を持して、和泉屋市兵衛から『役者舞台之姿絵』の連作を発表した。役者を生き生きと描いた一連の作品は、四十四点に及び高い評価を得た。これにより豊国は、役者絵の分野でも不動の地位を築いたのである。

重三郎の対抗策

重三郎は歌麿とのコンビを組んで、美人画の世界では成功を収めた。その一方で、役者絵に関しては、勝川春章が寛政四年（一七九二）に没したので、後継者不足に悩まされていた。春章の後継者としては、勝川春好、春英、春朗らの面々がいたので、次に紹介することにしよう。

勝川春好（寛保三年／一七四三〜文化九年／一八一二）は、春章の最古参の弟子である。役者絵を得意としたが、四十代半ばに中風（脳卒中後の半身麻痺）に罹《かか》り、右手で絵を描けなくなったので、左手で描くようになった。勝川春英（宝暦十二年／一七六二〜文政二年／一八一九）は若くして春章に弟子入りし、役者絵、武者絵、相撲絵などで幅広く活躍した。その作風は、歌川豊国や東洲斎写楽に強い影響を与えたといわれている。

勝川春朗（宝暦十年／一七六〇～嘉永二年／一八四九）は、のちの葛飾北斎のことである。十代半ばから木版彫刻師に弟子入りし、安永七年（一七七八）に春章の門弟となった。一説によると、御用鏡師の中島伊勢の養子になったが、伊勢に子ができるとすぐに家督を譲り、自らは絵の世界に飛び込んだともいわれている。その後、十五年にわたり勝川派に所属したのである。春朗は黄表紙の挿絵だけに止まらず、極めて広範に仕事をこなした。

その作風は、天明元年（一七八一）頃までは習作期で、まだまだ粗さの目立つ作品が多かったといわれている。やがて、春朗は師の春章だけでなく、北尾重政、鳥居清長といった当代の著名な絵師のスタイルを学んだ。その成果もあって、おおむね天明七年（一七八七）頃から独自の画風をものにしたといわれている。ところが、のちに春朗は狩野派を学んだことを咎められ、勝川派から追放されたのである。

この中で重三郎の意中の絵師は、春朗だった。寛政五年（一七九三）に山東京伝作の黄表紙『貧福両《ひんぷくりょう》道中《どうちゅう》之《の》記《き》』が刊行されたが、挿絵を担当したのは春朗だった。むろん、春朗を起用したのは、その才能を認めたからであるが、重三郎が春朗に期待したのは、役者絵だったといわれている。事実、重三郎は春朗の役者絵の刊行に踏み切った。

寛政六年（一七九四）になると、重三郎は春朗の役者絵の刊行を止めた。この間、春朗の作品は八点が確認されている。刊行を中断した理由はいろいろあるが、春朗の画風が勝川派から脱皮していない点に求められている。重三郎から見ると、この頃の春朗はオリジナリティーを欠いており、十分に満足できる作品とはなっていなかったようだ。これ以降、春朗もまた役者絵を描くことを止めてしまった。

それは春英も同じことで、評価される作品を残したものの、これまでの様式を打ち破る革新的なものではなかった。そのような事情もあり、重三郎は新たな才能を探し求めた。その意中の人物こそが東洲斎写楽だったのである。

第五章 東洲斎写楽の登場

歌舞伎のはじまり

重三郎が美人画の次に目を付けたのは、役者絵だった。絵師が描いたのは、歌舞伎の役者である。最初に、歌舞伎の流れを概観しておこう。

長い戦いの時代が終わりを告げようとしたとき、戦乱で亡くなった人の魂を弔《とむら》うべく、御霊会《ごりょうえ》にともなう風流踊《ふりゅうおどり》が盛んになった。歌舞伎の淵源は、この風流踊にある。風流踊は能のように仮面を着けることなく、演者が踊りを揃える舞台芸能として発達した。その創始者的な存在が出雲阿国《いずものおくに》（生没年不詳）である。

阿国は上京すると「ややこ踊」といい、「念仏踊」などの小歌踊をもとにした踊りを披露した。その後、阿国が率いる一座は、北野神社（京都市上京区）の境内で歌舞伎踊を踊ると、身分の上下を問わず人々は熱狂した。男装した阿国は伊達《だて》な傾奇者《かぶきもの》の役を演じ、道化役の猿若を引き連れると、女装した狂言師が演じる茶屋女のもとへ通った。阿国は官能的な踊りで、茶屋遊びの模様を舞台で演じたのである。慶長八年（一六〇三）五月になると、「歌舞伎踊」という名称が初めて史料にあらわれた。

江戸時代以降、各地に遊郭が誕生し、遊女が顔見世を兼ねて舞台を披露した。これを「遊女歌舞伎」という。これまでも笛や太鼓などの楽器が用いられたが、遊女歌舞伎では新たに登場した三味線も使われた。こうして遊女歌舞伎は地方にも広まったが、寛永六年（一六二九）に風紀を乱すという理由で、ほかの女性の芸能とともに禁止された。禁止後、前髪をつけた美少年による「若衆歌舞伎」が人気となったが、男色の売買春が問題視されて、慶安五年（一六五二）に禁じられたのである。

その後、若衆を意味する前髪を剃り、野郎頭で演じることにより、承応二年（一六五三）に「野郎歌舞伎」が認められた。以降、歌舞伎は写実的な女方（形）の演技、立役（男性役）、敵役などの役柄が明確になり、舞台芸術として進展した。寛文年間（一六六一〜一六七三）以降になると、複雑な筋が展開するなどストーリーが充実し、役者の数も増えていった。劇場も整備されたので、見物人の数も増加したのである。

成熟していった歌舞伎

元禄年間（一六八八〜一七〇四）になると、経済発展により都市部の町人層が富を蓄積し、庶民文化が発展した。歌舞伎はその代表であり、江戸と上方で大いに発展した。

江戸では初世市川團十郎による「荒事《あらごと》」が広く受け入れられた。荒事とは歌舞伎の演出法の一つで、顔に隈取《くまどり》という派手な化粧をし、扮装、動作、発声などの演技を誇張して行うことである。江戸は新興都市でもあり、武士を中心とした荒々しい気風に合ったこともあり、大変な人気になったのである。

上方では、初世坂田藤十郎による「和事《わごと》」が広く支持された。和事とは、美男子の恋愛の模様を描いたもので、柔らかみのある演技、動作、セリフで演じられた。その内容は、おおむね大名家の御家騒動がベースになっていた。主人公である大名家の若殿が御家騒動で追放されると、町人姿で昔馴染《なじ》みの遊女のもとを訪れ、「やつし」の演技を披露するのである。「やつし」とは、みすぼらしい様にする、身を落とすなどの意である。

勝川春好「三代目沢村宗十郎」
山口県立萩美術館・浦上記念館所蔵

享保・宝暦年間（一七一六〜一七六四）になると、一転して歌舞伎は停滞期を迎えた。その理由は、享保の改革により歌舞伎が弾圧され、代わりに上方では人形浄瑠璃が台頭してきたからである。同時に歌舞伎からは名役者が輩出されなくなったので、人気は下降線をたどる一方だった。その後、丸本物《まるほんもの》という人形浄瑠璃の作品を歌舞伎に移行した作品が成立した。人形浄瑠璃と同じく義太夫節を用いたので、義太夫狂言ともいわれ、また三味線の音からデンデン物とも称される。『国性爺合戦《こくせんやかっせん》』、『仮名手本忠臣蔵《かなでほんちゅうしんぐら》』などが代表的な作品である。

十八世紀後半になると、歌舞伎は再び勢いを盛り返した。その背景には、これまで以上に庶民の文化が成熟を見せ、洒落本、黄表紙、川柳などの質の高い文芸が発展したことにあった。また都市民は経済発展に伴い、ゆとりある生活を送っており、娯楽を求めていた。そうした人々の要望に応えるべく天明歌舞伎が展開したのである。天明歌舞伎とは、のんびりとおおらかな歌舞伎の演出、作劇、芸を骨子としていた。

天明歌舞伎を代表する役者は、初世中村仲蔵《なかぞう》である。作者では、先にも取り上げた初世桜田治助が人気を博した。治助の作品は、江戸歌舞伎を発展、洗練したもので、洒落で機知に富んでおり、華やかなムードで全体が包まれていた。会話もすらすらと運び、奇抜な趣向も工夫されていた。なお、治助は浄瑠璃の作品も高く評価されていた。

また、演技や演出の写実的な傾向が見えるようになり、中村仲蔵らの演技には写生的な物真似の芸が取り入れられた。それを「正写《しょううつ》し」という。その後、江戸文化は天明調から変化を見せるようになり、それは歌舞伎も同じだった。上方の作者の並木五瓶《ごへい》は、三世沢村宗十郎とともに江戸に下った。五瓶の作品はこれまでの江戸の作風とは異なり、構成が写生的かつ合理的で、筋の運びがアップテンポだった。しかも、人物の性格の描写が独特であり、それは今までの江戸歌舞伎には見られないものだった。

重三郎や東洲斎写楽が生きた時代は、歌舞伎が一大変革をしており、多くの人々が熱狂した。同時に、役者絵も注目されたので、重三郎はこのチャンスを見逃すはずがなかった。

東洲斎写楽とは何者か

重三郎は、東洲斎写楽の役者絵に注目して起用したが、いったいどういう人物だったのだろうか。

写楽は生没年不詳で、父母の名すらわかっていない。その活躍した期間は、寛政六年（一七九四）五月から翌年一月までの約十一ヶ月にすぎない。たったそれだけの短い期間において、注目すべき役者絵や相撲絵などの版画を約百四十点残したが、忽然《こつぜん》として浮世絵界から姿を消したのである。古来、写楽が姿を消した理由のほか、いったい何者なのかということが深く詮索されるようになった。

写楽は著名な絵師などのペンネームではないかという、別人説が早くから唱えられていた。というのも、写楽の役者絵などは高く評価されたのだから、まったくの無名絵師、ましてや素人とは考えられなかったのである。しかも、約十一ヶ月という短期間で、作風が大きく変わったことも疑問視された。

別人の候補となったのは、初世歌川豊国、歌舞妓堂艶鏡《かぶきどうえんきょう》、葛飾北斎、喜多川歌麿、司馬江漢《こうかん》、谷文晁《ぶんちょう》、円山応挙《おうきょ》といった絵師、歌舞伎役者の中村此蔵《このぞう》、洋画家の土井有隣《ゆうりん》、戯作者の山東京伝（絵師でもあった）、十返舎一九《じっぺんしゃいっく》、俳人の谷素外《そがい》、西洋人画家のほか、重三郎自身の名も挙がっているほどだ。とはいえ、いずれも確証がなく、右の別人説は成り立たないとされている。

その中で、写楽の候補として有力視されているのが、徳島藩の蜂須賀《はちすか》家お抱えの能役者である斎藤十郎兵衛だ。天保十五年（一八四四）、文人として知られる斎藤月岑《げっしん》は『増補浮世絵類考』を著し、「写楽斎」の項に「俗称斎藤十郎兵衛、八丁堀に住す。阿州《あしゅう》侯の能役者也」と書いた。これが写楽＝斎藤十郎兵衛の根拠になった。当時、徳島藩の江戸屋敷は八丁堀（東京都中央区）にあり、その中屋敷には能役者が住んでいたのである。

『増補浮世絵類考』という書物は、浮世絵師の伝記をまとめたものであるが、その成立は極めて特異である。出発点は、寛政二年（一七九〇）に大田南畝が執筆した『浮世絵考証』だった。その後、山東京伝、式亭三馬らが次々と増補し、斎藤月岑が『無名翁随筆』を補記して、『増補浮世絵類考』が成立した。同書は、浮世絵師の伝記を知るうえでの基本史料である。

当初は斎藤十郎兵衛の史料が見つからないうえに、能役者がこれだけのすばらしい浮世絵を描けるのかという疑問が湧いてきた。その結果、先述したとおり、著名な浮世絵師のペンネームではないかとされたのである。

研究の進展

研究が深まっていくと、次々と新事実が明らかになった。法光寺（埼玉県越谷市）に所蔵される過去帳には、「八丁堀地蔵橋　阿州殿御内　斎藤十良（郎）兵衛」と記載されており、斎藤十郎兵衛の実在が明らかになった。さらに、文政三年（一八二〇）三月七日に五十八歳で亡くなり、千住（東京都足立区・荒川区にまたがる地域）で荼毘《だび》に付されたことが判明した。八丁堀地蔵橋とは、現在の日本橋茅場町郵便局付近（東京都中央区）になる。

加えて、『蜂須賀家無足以下分限帳《ぶげんちょう》』と『御両国無足以下分限帳』の「御役者」の項目には、斉藤十郎兵衛の名が記録されていた。これにより、斉藤十郎兵衛が蜂須賀家のお抱え能役者だったこともわかったのである。また、能役者の公式名簿『猿楽分限帳』、能役者の伝記『重修《ちょうしゅう》猿楽伝記』にも斉藤十郎兵衛の名が記載されているので、ますます実在性は否定できなくなった。

関根正直「江戸の文人村田春海」（『史話俗談』国民図書、一九二〇年）には、八丁堀地蔵橋にある村田家の隣家には、徳島藩のお抱え能役者の一家が居住していたと書かれている。『本八丁堀辺之絵図』（嘉永七年／一八五四）によると、八丁堀地蔵橋の村田治兵衛の隣人が斎藤与右衛門だったことが判明する。この記述もまた、斎藤十郎兵衛が八丁堀地蔵橋に居住した事実を裏付けるものと評価された。

とはいえ、疑問がないわけでもない。『諸家人名江戸方角分』という江戸の文化人を記した書物には、八丁堀の項目に「号写楽斎　地蔵橋」と記載されている。地蔵橋とは八丁堀地蔵橋のことで、斉藤十郎兵衛の住んでいた場所と同じである。同書の奥書には、文政元年（一八一八）七月五日に書写されたとあり、しかも写楽斎の項目には物故者である記号が付いている。斉藤十郎兵衛は文政三年（一八二〇）三月七日に亡くなったのだから、これでは矛盾を来《きた》してしまう。

『浮世絵類考』の写本の中には「写楽は阿州の士にて斎藤十郎兵衛といふよし、栄松斎長喜老人の話なり」と書かれている。浮世絵師の栄松斎長喜《えいしょうさいちょうき》（生没年不詳）は喜多川歌麿と同門で、鳥山石燕の門人である。美人画を得意としたが、役者絵は写楽の画風に似ているという。その作品の多くは、蔦屋から刊行されていた。写楽と同時代の人物なので、交流があった可能性はあろう。

ここまで見たとおり、斎藤十郎兵衛が徳島藩の蜂須賀家が抱えていた能役者だったこと、そして八丁堀地蔵橋に居住していたことが明らかになった。ところが、斎藤十郎兵衛＝写楽という明確な根拠は、いまだに見つかっていないのが現状である。

写楽の作風の変遷

写楽の作品は、すべて蔦屋から刊行された。にもかかわらず、重三郎と写楽の出会いや交流を示す史料はない。写楽自身の生涯が不明なのだから、無理からぬところがあろう。写楽の作風は、おおむね四期にわけることができる。

第一期は、寛政六年（一七九四）五月に興行された都座、桐座、河原崎座の歌舞伎の演目に関するもので、『二代目瀬川富三郎の大岸蔵人の妻やどり木』、『三代目佐野川市松の祇園町の白人おなよ』などの作品を挙げることができよう。作品は大判の黒雲母摺で、役者の上半身をアップした大首絵である。落款は、「東洲斎写楽画」である。

一連の作品は、写実的な描写に加え、大胆なデフォルメが見事に絡み合っており、極めて芸術性が高い最高傑作であると評価されている。

第二期は、同年七月に興行された都座と河原崎座、同年八月に興行された桐座の歌舞伎の演目に関するものである。作品の『篠塚浦右衛門の都座《みやこざ》口上図《こうじょうず》』には、老人が都座の定紋《じょうもん》を付けた裃を着用し、二番目の新板を披露する旨の口上書を読み上げる姿が描かれている。つまり、第一期とは、違うイメージの作品を制作したということになろう。

第二期の作品は、第一期が上半身の大首絵だったのに対して、全身が描かれている。それらの作品は、大判の黒雲母摺、細判（約三三㎝×一五〜一六㎝）の白雲母摺の背地を採用していた。作品としては、『二代目嵐龍蔵の不破が下部浮世又平』、『八代目森田勘弥の由良兵庫之介信忠』などがあるが、いずれも傑作揃いと高く評価されている。落款は、第一期と同じである。

第三期は、同年十一月に興行された都座、桐座、河原崎座、同年閏十一月に興行された都座の歌舞伎の演目に関するものである。同年十月、二代目市川門之助が亡くなったので、追善するために描かれた作品である。この期の作品は、細判に加えて間判（約三三・三㎝×二二・七㎝）の大きさのものが登場する。落款は、「写楽画」が原則として用いられた。

とはいえ、第三期の写楽の作品は、第一期、第二期と比較して、その評価は低いものになっている。間判の作品は、表情の凄味や迫真さが失われており、細判も背景を描き入れるなどしたので、極めて平凡なものになったという。『六世市川団十郎の荒川太郎』、『二世中島三甫《みほ》右衛門《えもん》と中村富十郎　二世市川門之助』などの役者絵のほか、『大童山《だいどうざん》土俵入り』といった役者絵もある。

第四期の作品の判型は、大判、間判になる。作品は、役者絵の『市川鰕蔵の工藤祐経　三世市川八百蔵の十郎祐成　六世市川団十郎の五郎時宗』のほか、『大童山の鬼退治』といった変わったものもある。第四期になると、これまでよりさらに作品の劣化が進んだと評価されている。落款は「写楽画」である。

写楽の作品を概観したが、第一期がもっとも優れており、以後は質の低下が指摘されている。短期間にこれだけ多くの作品を発表する絵師は珍しいが、加えて作風の変化が大きかったことも極めて稀といえよう。しかも、写楽の作品を刊行した版元は、蔦屋ただ一つであり、こちらも不可解といわざるをえない。以下、もう少し詳しく、事情を確認することにしてみよう。

二十八作もの作品

すでに触れたとおり、重三郎と写楽の出会った経緯は、まったくの不明である。寛政六年（一七九四）五月、一気に二十八作もの写楽の作品が刊行された。これは極めて異例のことであり、派手な売り出し方だった。もちろん、当時の人々は写楽のことを知らなかったのだから、大きな賭けだったが、写楽の役者絵はたちまち人々に受け入れられたのである。それは、なぜだろうか。

松木寛氏は、勝川春英『三世瀬川菊之丞の油屋おそめ』と写楽『三代目瀬川菊之丞の田辺文蔵妻おしづ』（重要文化財）を比較し、その理由を明快に説明している。

三世瀬川菊之丞（宝暦元年／一七五一〜文化七年／一八一〇）は、日本舞踊市山流の初世市山七十郎の次男だった。安永二年（一七七三）に二世瀬川菊之丞が亡くなると、その遺言により跡を継いだ。江戸歌舞伎では人気もあり、その美貌と女性らしい演技により、傾城と世話物の娘役をもっとも得意としていた。三世瀬川菊之丞は、歌舞伎界でもっともすばらしい女形と評価された。四世岩井半

東洲斎写楽「三代目瀬川菊之丞の田辺文蔵妻おしづ」
山口県立萩美術館・浦上記念館所蔵

四郎とともに、「女形の両横綱」と称されたほどの実力を持っていたが、一方で演技があまりに艶っぽいので玉に瑕《きず》ともいわれた。

写楽と春英の作品が刊行されたとき、すでに三世瀬川菊之丞の年齢は四十代半ばに差し掛かっていた。今とは違い、当時の四十代半ばといえば、それなりに高齢だった。ところが、春英の作品は、三代目瀬川菊之丞の女性姿があまりに美しく、かなり現実離れしていた。菊之丞の年齢や演技を無視し、空想ともいえる作品になっていたのである。

一方の写楽が描いた菊之丞の女形姿は、顔がややふっくらとした面長で、四十代半ばの等身大の姿が描き出されていた。それは写実的と言ってもよく、長所だけではなく、短所も含めて生々しい作品に仕上がっていたのである。しかも、絶妙な配色美が高く評価された作品である。人々はこのような作品を渇望しており、その要望に写楽や重三郎が応えたということになろう。

写楽の代表作の一つに『市川蝦蔵《えびぞう》の竹村定之進』（重要文化財）がある。市川蝦蔵（寛保元年／一七四一～文化三年／一八〇六）は、五世市川團十郎のことである。寛政三年（一七九一）十一月、江戸の市村座で市川蝦蔵と改名した際、海老蔵の名を憚《はばか》って、あえて雑魚《ざこ》の「蝦」を用いたといわれている。蝦蔵はさまざまな役柄をこなす器用な役者であり、芸風も非常におおらかだったと伝わっている。

『市川蝦蔵の竹村定之進』は、蝦蔵の堂々とした体格に加え、その豊かな表情、彫りの深さが見事に描かれている。加えて、組まれた両手と襟や裃の描線が交錯するという構図で、安定的かつリズム良く描かれているのが特徴である。写楽はほかの役者も描いているが、それぞれの特徴や人間性を見事に捉えて描き出していた。

江戸市中に広まった評判

写楽の斬新かつ前衛的な作品は、ただちに江戸市中の人々の評判となった。一連の写楽の作品群が、自身の世界観から独自に導き出されたものか、あるいは重三郎の要請によるものなのかは、今となっては確認のしようがない。普通に考えると作品ありきで、それを踏まえて版元つまり重三郎からの助言などがあったと考えるべきだろう。二人の合作といえば大袈裟だが、協力のもとに制作されたのは事実なのかもしれない。

今や写楽の作品は、重要文化財にも指定されるくらいなので、当時の人々は競うように購《あがな》ったのではないだろうか。そうでなければ、第二弾の刊行へと重三郎が動くとは思えない。気を良くした重三郎は、引き続き写楽の作品を刊行した。

第二期の作品は、三十八作にも及んだ。第二期の作品の評価は先述のとおりであるが、いずれも第一期に勝るとも劣らない作品群と評価されている。第一期では大首絵が中心だったが、第二期は全身像ばかりである。写楽は画面の構成に気を遣いながら、役者のもっともすばらしいポーズを瞬間にとらえ、それをうまく切り抜き、多彩な角度から描いてみせた。歌舞伎のもっとも魅力的な部分を鑑賞する者に提供したのである。

第一期、第二期の写楽の作品は、人気の有無にとらわれず、数多くの役者を描いてみせた。個々の役者の個性を見事に捉えたのは、すでに述べたとおりである。

崩壊した写楽の画風

第一期、第二期と写楽の作品は好評だったので、ますます重三郎は気を良くしたに違いない。そのままの勢いでもって、重三郎は第三期の作品を刊行することにしたが、ここで作品について大きな変更を行った。もっとも重要な点は、多くの歌舞伎役者を描くのではなく、人気役者に絞って制作することになった点に加え、重三郎は大胆にも六十にも及ぶ作品を刊行したのである。これまた極めて異例なことで、写楽の超人的な仕事ぶりがうかがえる。

しかし、先にも触れたとおり、第三期の写楽の作品はそれまでの輝きをすっかり失い、惨憺《さんたん》たるものになってしまったのである。

松木寛氏によると、もっとも酷《ひど》い作品群は、桐座が興行した『男山御江戸盤石《おとこやまおえどのいしづえ》』を描いたものであると指摘されている。一部の作品には優れたものが見られるが、ほかはおおむね駄作であると切り捨てられている。拙劣、無気力とまで指摘されるように、芸術的なものは感じられない作品群である。作品によっては、何かの原型をアレンジ、もしくはコピーしたようなものに過ぎず、制作方法が安易であるとまで手厳しい評価を下された。

なぜ、写楽の作品は、こんなにも著しく劣化したのだろうか。そのカギを握るのは、作品の制作法にあるといわれている。

絵師が役者絵を描く際、「中見《なかみ》」と「見立《みた》て」という二つの方法がある。「中見」とは、絵師が実際に歌舞伎の舞台を見て、制作の参考にする方法である。一方の「見立て」とは、実際に歌舞伎の舞台を見ることなく、何らかの手本を参考にして、役者絵を描くことである。つまり、写楽の第一期、第二期の作品が好評だったのは、「中見」だったからで、逆に第三期、第四期が不評だったのは、「見立て」だったからだといわれている。もちろん、それは根拠があってのことである。

たとえば、写楽には上方の役者を描いた作品がいくつかあるが、上方絵本を参考にして描いたのではないかといわれている。役者絵本とは、歌舞伎役者を挿絵入で紹介したものである。写楽は上方の役者が実際に演じているのを見ることができなかったので、役者絵本に頼らざるを得なかった。その結果、細部に至るまでの観察が疎《おろそ》かになり、かつての躍動感溢れる作品を描けなかったのだろう。

同時に背景や樹木などは、勝川派の作品を真似していたという。第三期の作品では、第二期の作品の役者のポーズをそのまま用いているものもある。多くの論者が指摘するように、非常に作りが安直であり、駄作といわれる所以である。その結果、写楽の評判は著しく低下し、第四期でも挽回することができず、それが原因となって、重三郎は写楽の作品を刊行しなくなったのだろう。写楽は一度に多数の作品を制作したのだから、粗製濫造が仇《あだ》になったと言えるのかもしれない。

寛政七年（一七九五）一月に作品を刊行すると、写楽は忽然と浮世絵の世界から姿を消した。浮世絵界どころか、その後の消息は不明である。作品が完成してから、刊行までタイムラグが生じるのだから、前年の末頃までには筆を折ったと考えられる。

第六章 重三郎の最期

苦しかった経営

ここまで見てきたとおり、重三郎の生涯は新しい才能を発見し、売り出すことにあった。しかし、恋川春町、山東京伝のように、筆禍によって迫害を受けることもあった。東洲斎写楽は世間から高く評価されたが、その才能は早々に枯渇《こかつ》し、わずか十一ヶ月でその活動を終えた。写楽の例は極端かもしれないが、人々は新しい才能に拍手喝采しても、すぐに飽きてしまう。それゆえ、常に新しい才能を探す必要があった

重三郎にとって、大きな痛手となったのは、先述した出版統制に伴う罰金刑だった。財産の半分を没収されたのである。これは実に深刻なことであって、重三郎は萎縮してしまったのか、その後の出版点数が減ってしまったのである。再び発禁処分を受けたら、元も子もない。出版そのものができなくなる可能性すらあった。

処分を受けた寛政二年（一七九〇）、蔦屋の出版点数は二十一種類に及んだが、その翌年は十一種類、翌々年は十種類まで減ってしまった。刊行点数が半分に減ったのだから、重三郎の収入もかなり減ったに違いない。幕府からすれば、数多くの人気作品を刊行する蔦屋をマークすれば、ほかの版元も萎縮すると考えた可能性がある。

寛政五年（一七九三）になると、少しばかり刊行点数を持ち直したが、それには大きな理

由があった。それは新刊が刊行できなかった分をカバーするため、山東京伝、恋川春町、朋誠堂喜三二らが執筆した過去の名作を再刊したのである。たとえば、京伝が天明五年（一七八五）に書いた『江戸《えど》生《うまれ》艶気《うわきの》樺焼《かばやき》』は、『江戸生浮気蒲焼』と微妙にタイトルを変更して売り出したのは好例といえよう。窮余の策とはいえ、新作の原稿がなかったのは事実と考えてよいだろう。

　それだけではなかった。寛政三年（一七九一）一月、大坂の版元の和泉屋源七、永寿堂明石屋伊八から、『絵本武将一覧』と『絵本江戸爵』が刊行された。この二つの書物は、かつて蔦屋から刊行された作品である。つまり、蔦屋は版権を有償で譲渡しなければ、経営が成り立たないところまで厳しかったと想像される。

　とはいえ、重三郎はいつまでもくよくよしている訳にもいかず、再び新しい才能の発掘に懸けた。その二人こそが、滝沢馬琴と十返舎一九である。

滝沢馬琴とは

　重三郎が新しい才能として目を付けたのは、滝沢馬琴（明和四年／一七六七～嘉永元年／一八四八）である。馬琴の生涯は、波乱に満ちていた。

馬琴の父は、旗本の松平信成の用人を務めた滝沢興義《おきよし》である。深川海辺橋《うみべばし》東（東京都江東区）にある松平屋敷内の長屋で誕生した。馬琴は五男で、長男は興旨《おきむね》、次男は興春《おきはる》。残りの二人の兄弟は早逝し、ほかに妹が二人いた。馬琴が九歳の安永四年（一七七五）、父が亡くなったので、十七歳だった興旨が家督を継いだ。

ところが、興旨は禄を半分に減らされたため、翌年になって松平家を退去すると、戸田家に仕官することになり、母と妹もついて行くことになった。次男の興春はすでに養子に出ていたので、わずか十歳だった馬琴が滝沢家の家督を継ぐことになったのである。馬琴は信成の孫の八十五郎に小姓として仕えたが、癇癪《かんしゃく》持ちだった八十五郎の仕打ちに耐え兼ね、ついに松平家から出奔した。その際、障子に「こがらしに　思ひたちけり　神の旅」の一句を書きつけたといわれている。

天明元年（一七八一）、馬琴は元服して興邦《おきくに》と名乗った。一時は医者を目指したというが、途中で断念した。ところで、幼い頃の馬琴は、漢籍、和書、俳書などの読書に親しみ、戯作本や浄瑠璃本まで読み耽っていた。兄の興旨も俳諧を愛好していたので、一緒に俳人の越谷吾山《こしがやござん》のもとで学んだという。天明三年（一七八三）、吾山が句集『東海藻《そう》』を編纂したとき、馬琴の句が三句採られた。このとき、初めて「馬琴」の号を用いたのである。その四年後、馬琴は俳文集『俳諧古文庫』を編集したのである。

　この間、馬琴の向学心は止むことがなく、儒学者の亀田鵬斎《ほうさい》、狂歌師、国学者、戯作者として知られる石川雅望、国学者で歌人の加藤千蔭に教えを乞《こ》うたという。やがて、馬琴は興旨の伝手《つて》により戸田家に仕官したが、仕事は長続きせず、辞めたあとも転々として武家の渡り奉公を続けた。まさしく放蕩無頼の生活だった。天明五年（一七八五）に母が亡くなった際も馬琴の居場所がわからず、興旨が探し回って、ようやく死に目に会えたという。しかも、もう一人の兄の興春も亡くなったので、馬琴には不幸が相次いだのである。

馬琴と京伝・重三郎との出会い

　寛政二年（一七九〇）、馬琴は酒一樽を持って山東京伝のもとを訪れ、弟子になることを請うた。京伝から弟子入りを認められたことにより、馬琴は一筋の光明を見出した。翌年、馬琴は「京伝門人大栄山人」の名義で、黄表紙『廿日《はつか》余四《あまりにし》十両《じゅうりょう》尽用《はた》而二《してに》分《ぶ》狂言《きょうげん》』を版元の和泉屋から刊行した。挿絵は、歌川豊国である。同書は深川永代寺（東京都江東区）の弁財天開帳の境内で催された壬生《みぶ》狂言を題材とした作品である。この作品により、馬琴は戯作者として名を知られるようになったのである。

馬琴は洪水で深川にあった家が流されたこともあり、京伝の食客や売卜師《ばいぼくし》（占いを仕事とする者）などをしながら黄表紙を執筆したのである。

寛政四年（一七九二）、馬琴は京伝の世話もあって、重三郎のもとで番頭のような形で一年余りを過ごした。同年、京伝は黄表紙『実語《じつご》教《きょう》　幼稚《おさな》講釈《こうしゃく》』（挿絵／勝川春朗（葛飾北斎））を蔦屋から刊行した。実は同書を執筆したのは京伝本人ではなく、馬琴だった。いわゆる代作である。

寛政五年（一七九三）、馬琴は重三郎や京伝の勧めもあって、飯田町中坂（東京都千代田区）で履物商を営む会田家の寡婦だった百に婿入りした。百《ひゃく》は、馬琴より三歳年上だった。その後、馬琴は百との間に一男二女をもうけた。研鑽を積んだ馬琴は、寛政八年（一七九六）に黄表紙『四《し》遍摺《へんずり》心学《しんがく》草紙《ぞうし》』（挿絵／北尾重政）を蔦屋から刊行した。

同じく寛政八年、馬琴は蔦屋から読本『高尾《たかお》船字《せんじ》文《もん》』

『椿説弓張月』東京都立図書館所蔵

（挿絵／栄松斎長喜）を刊行した。内容は伊達騒動（仙台藩伊達家の御家騒動）をモデルとした歌舞伎『伽羅先代萩《めいぼくせんだいはぎ》』を素材とし、そこに中国小説の『忠義水滸伝』のアイデアを交えるなどした作品である。この作品は江戸時代における長編の読本の嚆矢《こうし》として知られるが、ストーリーや文章はまだ生硬《せいこう》であり、未熟なところが多々あったと評価されている。とはいえ、この作品によって、馬琴の名が広く知られるようになったので、記念碑的な一作だったといえる。

のちに馬琴は、『椿説弓張月《ちんせつゆみはりづき》』（源為朝を主人公とした英雄小説）、『南総里見八犬伝《なんそうさとみはっけんでん》』（安房里見家の興亡を描いた伝奇小説）を執筆し、その地位を確固たるものにした。重三郎との出会いは、そのきっかけだったといえる。『南総里見八犬伝』の完成に至るまでは、愛息の宗伯《そうはく》（興継《おきつぐ》）に先立たれ、しかも自身は中途失明するという不幸に見舞われた。同書の完成に至るまでは、宗伯の妻のお路《みち》の手助けもあり、口述筆記で進められたのである。

『南総里見八犬伝』の刊行後、馬琴はお路の助力により読本などを執筆し続けたが、嘉永元年（一八四八）に亡くなったのである。

十返舎一九と重三郎

次に、重三郎が注目したのは、十返舎一九（明和二年／一七六五～天保二年／一八三一）である。一九とは、どういう人物だったのだろうか。

一九は謎の多い人物で、駿河府中（静岡市）で誕生したといわれているが、父母の名前などは不明である。父は、六十人同心の武家だったといわれている。幼名は市九《いっく》、本名は重田貞一という。幼い頃の一九は、駿府町奉行の重田氏に養育された。江戸に出た一九は武家に奉公したが、天明三年（一七八三）頃までには大坂へ移住したという。その後、大坂町奉行の小田切直年に仕えたとされているが、明確な根拠はない。

十返舎一九の「十返舎」は、志野流香道を学んだ際、「黄熟《おうじゅく》香《こう》の十返し」にちなんでつけたという。「一九」は、幼名の「市九」から取ったものである。

寛政元年（一七八九）、一九は若竹笛躬《ふえみ》と二世並木千柳とともに、近松余七の名前で浄瑠璃『木下蔭狭間《このしたかげはざま》合戦《かっせん》』を合作した。この作品は、同年二月に大坂道頓堀（大阪市中央区）の大西芝居で初演された。内容は太閤記（豊臣秀吉の伝記）ものの一つで、実録小説『真書太閤記』、読本『絵本太閤記』をベースとして、織田信長が今川義元を討った桶狭間の戦いを描いたものである。むろん、登場人物の名前は、まったく違う名前に置き換えられていた。

この頃の一九は、浄瑠璃作者のほか、鳥羽絵師で浄瑠璃に精通した耳鳥斎《にちょうさい》、長町《ながまち》（大阪市浪速区）の宿屋の主人である河内屋河四郎などと親しく交流し、のちの作品作りに強い影響を受けたと考えられる。

その後、一九は大坂の材木商に婿入りしたが、しばらくして離縁すると、寛政六年（一七九四）に江戸に移ったのである。そんな一九を受け入れ、用紙の加工や挿絵描きなどの仕事を与えたのが重三郎である。馬琴と同様に、食客のような形だったのだろう。その間の一九の動きは具体的にわからないものの、戯作者としてのトレーニングを積んでいたものと想像される。

寛政七年（一七九五）、一九は重三郎の勧めもあり、『心学時計草《しんがくとけいぐさ》』など三種の黄表紙を刊行した。挿絵も自分で描いた。この作品は、吉原の十二時（一昼夜）の様子を心学風に描いたもので、たちまちヒット作になった。のちに、一九は代表作となる滑稽本『東海道中膝栗毛《ひざくりげ》』を生み出すが、この頃にその下地が築かれたのだろう。一九は非常に多作で、生涯で四百もの作品を刊行した。中には文学作品とはいえない酷い代物も混じっているが、それは読者の多彩な要望に応えたからだといわれている。

晩年の一九は、病気に悩まされた。四十代半ばには眼病に罹り、五十代後半は中風に悩まされた。一九が亡くなったのは、天保二年（一八三一）のことである。

京伝と歌麿

寛政三年（一七九一）、京伝と重三郎は筆禍事件に遭い、悲惨なことになったが、このことで二人の関係が破綻したわけではない。翌年以降、京伝の作品は、蔦屋から刊行されていた。次に、主なものを挙げておこう。

寛政四年（一七九二）

黄表紙『梁山一歩《りょうざんいっぽ》談《だん》』（挿絵／北尾重政）、黄表紙『天剛《てんが》垂楊柳《すいりょうりゅう》』（挿絵／北尾重政）

寛政五年（一七九三）

黄表紙『貧福両道中之《ひんぷくりょうどうちゅうの》記《き》』（挿絵／勝川春朗）、黄表紙『堪忍袋緒《かんにんぶくろお》〆善玉《じめのぜんだま》』（挿絵／北尾重政）、滑稽図案集『松魚智《かつおのち》慧《え》袋《ぶくろ》』

寛政六年（一七九四）

滑稽図案集『絵兄弟』、黄表紙『忠臣蔵前世幕無《ぜんぜのまくなし》』（挿絵／北尾重政）、黄表紙『金々先《きんきんせん》生造化夢《せいぞうけのゆめ》』（挿絵／北尾重政）

寛政九年（一七九七）

黄表紙『虚生実草紙《うそからでたまことぞうし》』（挿絵／北尾重政）

筆禍事件以後の京伝の作品は、あまり振るわなかった。事件の悪影響が作品に及んだのだろう。寛政四年（一七九二）に書画会を両国柳橋（東京都台東区）で催し、その収益で翌年には銀座（同中央区）に京屋伝蔵店（京伝店）を開いた。一方で、この年には妻の菊園が病没した。その後も京伝は、読本や合巻を刊行し続けたが、文化十三年（一八一六）に亡くなったのである。

もう一人の盟友の歌麿と重三郎は、どのような関係にあったのか。

先述のとおり、重三郎は東洲斎写楽という新しい才能を発掘し、歌麿からは少しばかり距離を置いたようであるが、決して関係が断絶したわけではない。寛政七年（一七九五）から翌年にかけて、美人画『青楼十二時《せいろうじゅうにとき》』を蔦屋から刊行した。この作品は、吉原の遊女の二十四時間の生活を全十二枚で描いたものである。その構図に関する気配りと色彩感覚は、高く評価されている。

その後も続けて、歌麿は『六《む》玉川《たまがわ》』、『霞《かすみ》 織娘《おりむすめ》 雛形《ひながた》』、『名《な》取酒《とりざけ》六歌《ろっか》選《せん》』、『山姥《やまうば》と金太郎』を蔦屋から刊行した。『名取酒六歌選』はそのタイトルがあらわすように、遊女と寛政時代の名酒を描いたもので、今で言うところの宣伝用のポスターといえよう。『山姥と金太郎』は、金太郎とその母の山姥を描いた異色の作品である。

当時、歌麿はほかの版元からも多数の作品を刊行しており、もはや蔦屋は特別な存在ではなかったのかもしれない。

歌麿の晩年は悲劇だった。文化元年（一八〇四）、歌麿は『太閤記』の「醍醐の花見」をテーマにした錦絵『太閤《たいこう》五《ご》妻《さい》洛東《らくとう》遊観《ゆうかん》之《の》図《ず》』を描いた。ところが、当時はむやみに権力者を絵の素材にすることが禁じられていたので、歌麿は幕府に捕らえられると、入牢のうえ手鎖五十日の刑を受けたのである。歌麿が失意のうちに亡くなったのは、二年後の文化三年（一八〇六）のことだった。

重三郎の最期

出版界で八面六臂の大活躍を見せた重三郎にも、ついに死が訪れた。

『喜多川柯理墓碣銘』によると、寛政八年（一七九六）の秋頃から、重三郎は病に罹《かか》ったという。『近世物之本江戸作者部類』には、重三郎が脚気《かっけ》だったと書かれている。脚気とはビタミンB1の欠乏が原因で起こる病気で、脛《すね》がむくんだり、足の感覚が麻痺《まひ》する病状が特徴である。同時に体が疲れやすくなり、かつては我が国の国民病でもあった。重三郎は養生を重ねたが、一向に良くならなかった模様である。

重三郎が亡くなったのは、寛政九年（一七九七）五月六日のことである。この日、重三郎は自らの死期を悟り、昼の十二時頃には死ぬと予告していた。その後、重三郎は蔦屋の家事（今後の経営など）を済ませると、妻とも最後の別れを惜しんだ。しかし、予想が外れ、重三郎は昼の十二時頃に死ななかった。重三郎が亡くなったのは、夕方のことだった。なかなか予告通りに死ななかったので、冗談を言う余裕すら見せたという。

江戸の出版界に華々しくデビューし、一時代を築いたが、その生涯はあまりに謎が多かった。重三郎の死後、蔦屋の経営は番頭の勇助が引き継いだ。その後も蔦屋は続いたが、幕末には廃業したのである。

主要参考文献

『歌麿・写楽の仕掛け人　その名は蔦屋重三郎』（サントリー美術館、二〇一〇年）
『別冊太陽　日本のこころ　蔦屋重三郎の仕事』（平凡社、一九九五年）
太田記念美術館学芸部編『蔦屋重三郎と天明・寛政の浮世絵師たち』（浮世絵太田記念美術館、一九八五年）
大和博幸「地本問屋蔦屋重三郎の書物問屋加入の意図　名古屋書肆・国学者への接近」（『日本歴史』五九四号、一九九七年）
小池正胤『反骨者　大田南畝と山東京伝』（教育出版、一九九八年）
小林真利奈「蔦屋重三郎と寛政の出版統制」（『寧楽史苑』五八号、二〇一三年）
今田洋三『江戸の本屋さん』（平凡社ライブラリー、二〇〇九年）
佐藤至子『江戸の出版統制　弾圧に翻弄された戯作者たち』（吉川弘文館、二〇一七年）
鈴木敏夫『江戸の本屋（上・下）』（中公新書、一九八〇年）
鈴木俊幸「蔦屋重三郎出板書目年表稿（上・下・補正）」（『近世文藝』三五・三六・三九号、一九八一・一九八二・一九八三年）
鈴木俊幸「狂歌界の動向と蔦屋重三郎」（『江戸文学』六号、一九九一年）

鈴木俊幸「蔦屋重三郎代々年譜稿（上・下）」（『中央大学文学部紀要』一四八・一五二号、一九九三・一九九四年）
鈴木俊幸『蔦屋重三郎』（若草書房、一九九八年）
鈴木俊幸「寛政期の山東京伝黄表紙と蔦屋重三郎」（『國文學　解釈と教材の研究』五〇巻六号、二〇〇五年）
鈴木俊幸『新版　蔦屋重三郎』（平凡社ライブラリー、二〇一二年）
諏訪春雄「蔦屋重三郎の季節　近世出版の先覚者（上・中・下）」（『文学』四九巻一一・一二号、五〇巻二号、一九八一・一九八二年）
洲脇朝佳「寛政期の歌麿と蔦屋重三郎」（『國學院大學大学院紀要　文学研究科』五〇号、二〇一八年）
中野三敏『写楽　江戸人としての実像』（中公新書、二〇〇七年）
広野千里「18世紀後半江戸における蔦屋重三郎の出版活動とその思想」（『ＫＧＵ比較文化論集』三号、二〇一〇年）
松木寛『蔦屋重三郎　江戸芸術の演出者』（講談社学術文庫、二〇〇二年）
山口桂三郎『浮世絵の歴史　美人絵・役者絵の世』（講談社学術文庫、二〇一七年）

おわりに

本書で述べたとおり、蔦屋重三郎の関係史料は乏しく、その生涯を詳しく紹介するのは困難である。しかし、彼が多くの戯作者や絵師らとの交流を通して、稀代のプロデューサーになったことはおわかりいただけたのではないかと思う。

はじまりがあれば、必ず終わりがある。絶大な人気がある歌手や俳優であっても、そのほとんどは飽きられてしまい、やがて表舞台から姿を消してしまう。それは飲食店も同じことで、「美味い！」と大評判で大行列の店であっても、気が付くと客が来なくなり、やがて閉店してしまうことも珍しくない。絶えず流行の最先端を追い掛け、人々の望むものを提供できなくなると、オシマイなのである。重三郎は、そういう当たり前と思えることを十分に理解していたのだろう。

そのため重三郎は人脈を築き上げ、最先端の流行を追い求めたと考えられる。いつまでも一時の成功にしがみついたり、古いことにとらわれていては、人々から飽きられてしまう。重三郎は仲間を大事にしたのかもしれないが、一方で次々と新しい才能を発見し、世に送り出すことで成功した。それゆえ既成概念にとらわれず、新しいもの、おもしろいものに積極的に飛びついたのだろう。

我が身を振り返ると、携帯電話を持つのも遅かったし、スマホに乗り換えるのも遅かった。ようやく、スマホを用いたキャッシュレスの支払いを利用するようになった。しかし、これでは先が思いやられる。常に新しいものをおもしろがり、積極的に取り入れないと、「化石人間」になってしまうだろう。本書を書いて、素直にそう思った。

なお、本書は一般書であることから、本文では読みやすさを重視して、学術論文のように逐一、史料や研究文献を注記しているわけではない。執筆に際して多くの論文や著書に拠ったことについて、厚く感謝の意を表したい。また、本書の研究文献は膨大になるので、参照した主要なものに限っていることをお断りしておきたい。

最後に、本書の編集に関しては、星海社編集部の持丸剛氏のお世話になった。ここに厚くお礼を申し上げる次第である。

二〇二四年八月

渡邊大門

星海社新書308

蔦屋《つたや》重三郎《じゅうざぶろう》と江戸《えど》メディア史《し》

浮世絵師《うきよえし》、ベストセラー作家《さっか》、瓦版屋《かわらばんや》の仕掛《しか》け人《にん》

二〇二四年九月二四日 第一刷発行

著者 渡邊大門《わたなべだいもん》

©Daimon Watanabe 2024

発行者 太田克史《おおたかつし》

編集担当 持丸剛《もちまるつよし》

発行所 株式会社星海社
〒一一二-〇〇一三
東京都文京区音羽一-一七-一四 音羽YKビル四階
電話 〇三-六九〇二-一七三〇
FAX 〇三-六九〇二-一七三一
https://www.seikaisha.co.jp

発売元 株式会社講談社
〒一一二-八〇〇一
東京都文京区音羽二-一二-二一
(販売)〇三-五三九五-五八一七
(業務)〇三-五三九五-三六一五

印刷所 TOPPAN株式会社

製本所 株式会社国宝社

アートディレクター 吉岡秀典《よしおかひでのり》(セプテンバーカウボーイ)

デザイナー 山田知子《やまだともこ》+チコルズ

フォントディレクター 紺野慎一《こんのしんいち》

校閲 鷗来堂《おうらいどう》

ISBN978-4-06-537088-9

Printed in Japan

308

SEIKAISHA SHINSHO

次世代による次世代のための

武器としての教養
星海社新書

星海社新書は、困難な時代にあっても前向きに自分の人生を切り開いていこうとする次世代の人間に向けて、ここに創刊いたします。本の力を思いきり信じて、**みなさんと一緒に新しい時代の新しい価値観を創っていきたい。若い力で、世界を変えていきたいのです。**

本には、その力があります。読者であるあなたが、そこから何かを読み取り、それを自らの血肉にすることができれば、一冊の本の存在によって、あなたの人生は一瞬にして変わってしまうでしょう。**思考が変われば行動が変わり、行動が変われば生き方が変わります。**著者をはじめ、本作りに関わる多くの人の想いがそのまま形となった、文化的遺伝子としての本には、大げさではなく、それだけの力が宿っていると思うのです。

沈下していく地盤の上で、他のみんなと一緒に身動きが取れないまま、大きな穴へと落ちていくのか？　それとも、重力に逆らって立ち上がり、前を向いて最前線で戦っていくことを選ぶのか？

星海社新書の目的は、**戦うことを選んだ次世代の仲間たちに「武器としての教養」をくばることです。**知的好奇心を満たすだけでなく、自らの力で未来を切り開いていくための〝武器〟としても使える知のかたちを、シリーズとしてまとめていきたいと思います。

2011年9月

星海社新書初代編集長　柿内芳文

SEIKAISHA SHINSHO